조현삼

하늘 힘 교회

우리도 하늘의 힘을 배송하는
교회가 될 수 있을까
하나님께 받은 은혜를 흘려보내는
교회가 될 수 있을까

생명의말씀사

하늘힘교회

ⓒ 생명의말씀사 2022

2022년 12월 27일 1판 1쇄 발행

펴낸이 | 김창영
펴낸곳 | 생명의말씀사

등록 | 1962. 1. 10. No.300-1962-1
주소 | 서울시 종로구 경희궁1길 6(03176)
전화 | 02)738-6555(본사)·02)3159-7979(영업)
팩스 | 02)739-3824(본사)·080-022-8585(영업)

지은이 | 조현삼

기획편집 | 김유미, 김현정
디자인 | 박소정
인쇄 | 영진문원
제본 | 다온바인텍

ISBN 978-89-04-16817-0(03230)

저작권자의 허락 없이 이 책의 일부 또는 전체를
무단 복제, 전재, 발췌하면 저작권법에 의해 처벌을 받습니다.

<u>하늘</u>

<u>힘</u>

<u>교회</u>

contents

게바에서 예루살렘 가는 길
photo by Cho Hyunsam

Intro 성경의 땅에서 교회를 배우다

chapter 1 **하늘힘교회** 15
  겟세마네_ 하늘의 힘을 받아 그 힘으로 주의 뜻을 따르는 교회

chapter 2 **여상한교회** 51
  막달라_ 같을 여如 항상 상常, 처음도 중간도 마지막도 변함없는 교회

chapter 3 **개척교회** 77
  딤낫 세라_ 두려워하지 않고 험지를 선택하는 교회

게바에서 예루살렘 가는 길
photo by Cho Hyunsam

chapter 4 **업어주는교회** 107
　　　　감라_ 소망이 끊어진 세상을 독수리 날개로 업어 주는 교회

chapter 5 **예배교회** 137
　　　　세겜_ 예수님이 디자인하신 모이는 교회

chapter 6 **흘려보내는교회** 173
　　　　빌립보 가이사랴_ 흘려보내는 샘, 마르지 않는 교회

chapter 7 **임직교회** 213
　　　　갈릴리 호숫가_ 양을 사랑하는 목자와 목자를 따르는 양이 있는 교회

Intro

성경의 땅에서
교회를 배우다

100여 년 전, 아메리칸 컬러니 사진사업부가
촬영한 예루살렘 성안 사진입니다.
이 사진은 미국 의회도서관 사이트에서
무료로 다운로드받을 수 있습니다.
사진 소스 주소: https://www.loc.gov/resource/matpc.06603
출처: 미의회도서관(The Library of Congress)

특별한 일이 없으면, 매년 2월 성경의 역사가 펼쳐진 땅에서 성경지리연수(Bible Land Field Study) 시간을 갖습니다. 처음에는 성경 지리를 공부했습니다. 그런데 어느 순간부터 성경의 땅에서 '교회'가 보였습니다. '교회설립선언'이라는 말도 성경의 땅에서 하나님이 주신 선물입니다. 아둘람이 아둘람교회로 보이면서, 교회는 무엇이고 교회는 어떠해야 하는지 하나둘 배우기 시작했습니다.

성경의 땅에서 교회를 배우면서, 교회를 세우기 훨씬 이전부터 하나님이 교회에 대해 많은 것을 미리 보여 주셨고 말씀하셨다는 것을 알았습니다. 그 교회들을 오늘의 교회에 적용하며 받은 은혜가 큽니다.

브솔시내교회를 통해, 진을 지킨 자나 전장에 나간 자가 전리품을 함께 나누는 귀한 진리를 깨달았습니다. 그리고 이것으로 단기 선교를 떠난 성도나 단기 선교를 보내고 진을 지키며 기도한 성도가 하나님이 주시는 상급을 함께 나누는 교회가 되었습니다.

모든 그리스도인이 그런 것처럼 저도 교회를 좋아합니다. 교회를 사랑합니다. 교회를 생각만 해도 마음이 따뜻해집니다. 교회가 어머니 품속 같습니다.

구원받은 우리를 위해 교회를 세워 주신 예수님의 은혜가 날이 갈수록 더욱 크게 느껴집니다. 예수님이 교회를 세워 주신 것이 얼마나 감사한지 모르겠습니다. 만약 예수님이 우리를 구원하시기는 했지만, 교회를 세워 주시지 않고 승천하셨다면 어떻게 되었을까. 상상하고 싶지 않은 일입니다.

교회 안에도 이런저런 아쉬움이 있고 안타까운 일이 있지만, 교회를 통해 우리는 힘을 얻습니다. 교회에서 받은 힘으로 우리는 밥심이 할 수 없는 일을 합니다. 모이기만 해도 서로에게 힘이 되고 격려가 되는 교회를 우리에게 주고 가신 예수님의 깊은 사랑을 성경의 땅에서 교회를 배우며 더욱 실감합니다.

이 책은 성경의 땅에서 하나님이 보여 주시고 깨닫게 해 주신 교회 이야기입니다. 2015년에 『바이블랜드 교회들 1』을 통해 몇 교회를 나누었습니다. 이 책은 그 책에 이어지는 『바이블랜드 교회들 2』입니다. 『바이블랜드 교회들 2』부터는 제목에 그 책에 나오는 교회 이름 중 하나를 넣기로 했습니다. 『바이블랜드 교회들 2』를 『하늘힘교회』라고 한 것처럼 말입니다.

그리고 이 책에서는 교회 이야기와 성경 지리 이야기를 따로 담기로 했습니다. 교회 이야기가 큰 강을 이루며 유유히 흐르게 했고, 성경 지리 이야기는 사진과 사진 설명으로 처리했습니다. 성경의 땅 사진도 과감하게 사용했습니다. 한 페이지에 사진 한 장을, 경우에 따라서는 과감하게 두 페이지에 사진 한 장을 얹기도 했습니다.

『바이블랜드 교회들 1』에서는 성경의 땅 지명이 장 이름이었는데, 이 책에서는 '하늘힘교회', '여상한교회', '개척교회' 등과 같이 교회 이름을 장 이름으로 했습니다. 거기서 보고 배우고 깨달은 교회를 교회 이름에 담았습니다.

현장에서 교회를 보여 주시고 깨닫게 해 주신 하나님의 은혜가 이 책을 읽는 분들에게도 흘러가길 소망합니다. 이 책을 읽은 분들이 책을 덮으며 조용히 "주님, 교회를 사랑합니다. 주님을 사랑하듯이"라고 고백했으면 좋겠습니다. 사랑합니다.

2022년 골방 연수 중
목사 조현삼

100여 년 전, 아메리칸 컬러니 사진 사업부가 촬영한 겟세마네 동산 사진입니다.
출처: 미의회도서관 (The Library of Congress)

chapter 1

하늘힘교회

겟세마네
하늘의 힘을 받아
그 힘으로
주의 뜻을 따르는 교회

하늘
힘
교회

하늘힘교회

　예수님은 이 땅에 오셔서 33년을 사셨습니다. 30년을 준비하시고 공생애 3년을 사셨습니다. 예수님이 십자가에 달려 죽으시기 바로 전날 밤, 예수님은 마가 요한의 다락방에서 제자들과 마지막 식사를 하셨습니다. 식사 후에 예수님은 제자들과 함께 겟세마네로 가셨습니다.

　요한복음은 그 장면을 "예수께서 이 말씀을 하시고 제자들과 함께 기드론 시내 건너편으로 나가시니 그곳에 동산이 있는데 제자들과 함께 들어가시니라"요 18:1 라고 적었습니다. 요한은 예수님이 가신 곳을 '기드론 시내 건너편 동산'이라고 했습니다. 마태는 그곳을 "겟세마네라 하는 곳"마 26:36 이라고 했고, 누가는 "감람산에 가시매"눅 22:39 라고 적었습니다.

감람산 안에 겟세마네 동산이 있기 때문에 겟세마네 동산도 감람산입니다. 기드론 시내 건너 그곳에 있는 동산, 겟세마네라 하는 곳, 감람산. 이 모두가 한 장소를 가리킵니다. 예수님은 십자가를 앞에 두고 제자들과 함께 겟세마네 동산으로 가셨습니다.

겟세마네 동산은 기드론 시내 건너편 감람산(올리브산) 서쪽 자락에 있습니다. 예루살렘성과 감람산 사이에는 골짜기가 있습니다. 그 골짜기 이름이 기드론입니다. 성경에 기드론 골짜기로 나오기도 하고 기드론 시내라고 나오기도 합니다. 우기 때는 물이 흘러 시내가 되고 건기 때는 물이 흐르지 않아 골짜기가 됩니다. 이 글 끝에 이에 대한 조금 깊이 있는 내용을 붙여 놓았습니다. 예루살렘성에서 내려가 기드론 시내를 건너 감람산 쪽으로 조금 올라가면 그곳에 겟세마네 동산이 있습니다.

우리는 살기 위해 이 땅에 왔지만, 예수님은 죽기 위해 이 땅에 오셨습니다. 예수님은 당신이 마셔야 할 잔이 무엇인지 아셨습니다. 그것은 죽는 것입니다. 십자가를 지는 것입니다.

그날이 다가왔습니다. 이제 그때가 되었습니다. 십자가를 앞에 두고 예수님은 제자들을 데리고 겟세마네 동산으로 가셨습니다. 예수님은 그곳에서 제자들에게 "내가 저기 가서 기도할 동안에 너희는 여기 앉아 있으라"마 26:36고 부탁했습니다. 이 말씀 속에 예수님이 겟세마네 동산을 찾으신 뜻이 오롯이 드러납니다. 예수님은 기도하기 위해 그곳을 찾으셨습니다.

이렇게 제자들에게 부탁한 후 베드로와 세베대의 두 아들, 야고보와 요한을 데리고 조금 더 나아가셨습니다. 모든 제자들 앞에서 다 표현하지 못한 예수님의 감정이 베드로와 야고보와 요한 앞에서는 표현됩니다. 베드로와 야고보 사진 중앙에 있는 건물이 만국교회당입니다.
이 사진은 예루살렘성 쪽으로 난 길에 차를 세우고 촬영했습니다.
정원처럼 보일 수도 있는 만국교회당 앞이 기드론 골짜기입니다.
이 교회당이 서 있는 곳을 포함해 그 뒤가 성경에 감람산으로 나오는 올리브산입니다.

photo by Cho Hyunsam

와 요한 앞에서만 드러내신 주님의 심정, 주님의 마음은 이렇습니다.

내 마음이 매우 고민하여 죽게 되었으니 마 26:38

이 말씀에 예수님의 마음이 그대로 드러납니다. 이때 예수님의 상황을 마태복음은 "고민하고 슬퍼하사"마 26:37라고, 마가복음은 "심히 놀라시며 슬퍼하사"막 14:33라고 기록하고 있습니다. 얼마나 힘드셨으면 예수님이 이렇게 말씀하셨을까요. 예수님은 세 제자에게 이렇게 자신의 마음을 드러내신 후에 그들에게 "내 마음이 매우 고민하여 죽게 되었으니 너희는 여기 머물러 나와 함께 깨어 있으라"마 26:38 부탁하셨습니다. 그리고 예수님은 돌 던질 만큼 떨어진 곳으로 혼자 가셔서 무릎을 꿇고 얼굴을 땅에 대시고 엎드려 기도하셨습니다.

우리는 예수님은 하나님이시고 그리스도이시기에 죽음 앞에서 조금도 고민하지 않으시고 "자, 내가 죽음을 기다렸다"며 "어서 나를 잡아가라"고 하셨을 것으로 생각할 수 있습니다.

예수님은 하나님이시지만 동시에 우리와 동일한 인성을 지닌 사람이십니다. 예수님이 매우 고민하여 죽게 되었을 때 예수님이 기댄 사람들은 제자들입니다. 그중에도 세 제자, 곧 베드로와 야고보와 요한입니다. 예수님은 그래도 그들이 자신의 마음을 알아주고, 자신의 고민을 알아주고, 자신의 고민하여 죽게 된 마음을 알아주리라 생각하신 것 같습니다.

그러나, 그러나, 그러나 그들은 예수님의 마음을 알지 못했습니다. 예수님의 마음을 알아드리지 못했습니다. 선생이신 예수님이 어렵게 마음을 내어놓고 "나 좀 기도로 도와 달라" 하셨지만, 베드로와 야고보와 요한은 잤습니다.

그들이 애절한 예수님의 기도 부탁을 받고도 잠이 든 이유를 누가복음은 그들이 "슬픔으로 인하여 잠든 것"눅 22:45 이라고 적었습니다. 사람이 슬프면 잠이 안 올 것 같지만, 슬픔이 깊으면 제자들처럼 잠을 택하기도 합니다. 슬프면 더욱 기도할 것 같지만, 어쩌면 제자들은 그 슬픔에서 벗어나는 길로 잠을 택했는지 모릅니다. "나와 함께 깨어 있어 달라"는 예수님의 부탁을 저버린 채, 그들은 잠들었습니다.

기도하시던 예수님이 기도를 하시다가 제자들에게 오셨습니다. 왜 오셨을까요. 화장실을 가시던 길일까요. 그것은 아닐 것입니다. 아마 예수님은 그 상황에서 제자들이 자신을 위해, 자신과 함께 기도하고 있는 모습을 보고 싶으셨는지 모릅니다. 그 모습을 보고 힘을 좀 얻고 싶으셨을 수 있습니다.

사람은 힘이 있어야 삽니다. 때때로 그 힘은 사람을 통해서 받기도 합니다. 어쩌면 예수님은 십자가를 지실 힘을 제자들을 통해서 조금이라도 보충받길 원하셨는지 모릅니다. 하나님이신 예수님이시지만, 여기서 우리는 예수님의 지극히 인간적인 면을 봅니다.

남편이 아내에게 힘을 받기 위해 아내 근처를 기웃거릴 때가 있습니다. 부모가 자녀들에게 힘을 받기 위해 이리저리 돌려 가며 자녀에게 말을 걸 때가 있습니다. 하고 싶은 말은 이것입니다. "여보, 나 지금 힘이 필요해. 내게 힘 좀 줘." "애들아, 많이 힘들다. 내게 힘 좀 줘." 하지만 그 말을 직접 하는 경우는 흔치 않습니다. 그때 용기를 내서 하는 말이 "여보, 나를 위해 기도 좀 해 줘"입니다. "아들, 아빠 위해 기도하고 있지?"입니다.

기도하시다, 엎드려 기도하시다 일어나 제자들에게로 걸어오시는 예수님을 그려 봅니다. 예수님은 무릎을 꿇고 기도하셨습니다. 이런 자세로 기도한 경험이 있는 우리는 압니다. 그 자리에서 바로 일어나 걸을 수 있는 것이 아닙니

photo by Cho Hyunsam

다. 다리에 피가 돌기까지 엉거주춤한 자세로 기다려야 합니다. 그런 후에 걸어도 몇 걸음은 쩔뚝거리며 걸어야 합니다. 제자들에게 힘을 얻기 위해 예수님은 이렇게 제자들에게 가셨습니다. 그러나 제자들은 예수님께 힘이 되어 드리지 못했습니다.

새벽에 찾아간 겟세마네
동산에 세워진 만국교회당입니다.

예수님은 제자들에게 오셔서, 제자들이 자는 모습을 보시고 베드로에게 이렇게 말씀하셨습니다.

너희가 나와 함께 한 시간도 이렇게 깨어 있을 수 없더냐 마 26:40

01 하늘힘교회 21
겟세마네_ 하늘의 힘을 받아
그 힘으로 주의 뜻을 따르는 교회

이렇게 물으시는 예수님의 심정이 느껴집니다. 제자들에게 이렇게 말씀하시는 예수님의 마음이 느껴져서 아닙니다. 예수님은 제자들에게 "시험에 들지 않게 깨어 기도하라"며 "마음에는 원이로되 육신이 약하도다"마 26:41 라고 하셨습니다. "시험에 들지 않게 깨어 기도하라"는 말씀을 원문으로 보면 '깨어 있으라. 그리고 기도하라'가 앞에 나옵니다. 이어 '이렇게 해야 하는 이유는 네가 시험에 들지 않기 위해서'라고 설명합니다.

예수님은 제자들에게 시험에 들지 않는 방법 두 가지를 알려 주셨습니다. 하나는 깨어 있는 것이고 다른 하나는 기도하는 것입니다. 성경을 보면 예수님은 '깨어 있으라'만 독립적으로 사용하시기도 했고 '깨어 기도하라'고 기도와 함께 사용하기도 했습니다. 이 둘 중 하나만 사용했어도 우리는 '깨어 기도하라'는 말씀으로 듣습니다.

이 말씀에서 우리는 시험에 드는 것이 무엇인지 또 하나를 배웁니다. 시험에 드는 것은 마음이 원하는 대로 몸이 하지 못하는 상태입니다. 제자들은 마음이 원하는 대로 몸이 하지 못했습니다. 마음이 원하는 것은 주를 부인하지 않는 것인데, 몸은 예수를 부인했습니다. 이것이 시험에 든 것입니다. 기도는 우리 마음이 원하는 것을 몸이 하게 합니다.

훗날 베드로는 각 교회 지도자들을 권면하며, 예수님께 들었던 그대로 "근신하라 깨어라"벧전 5:8 라고 했습니다. 베드로는 깨어 기도하지 않으면 시험에 들 수밖에 없음을 가야바의 관저 뜰에서 뼈저리게 통감했습니다.

깨어 기도하는 것, 이것은 우리가 시험에 드는 것을 막아 줍니다. 예방해 줍니다. 깨어 기도하는 것은 우리가 시험에 들지 않을 수 있는 가장 효과적인 방법입니다. 예수님은 제자들을 양육하는 과정에서도 여러 차례 시험에 들지 않도록 주의를 주셨습니다. 그때마다 예수님은 깨어 기도하라 하셨습니다.

겟세마네 동산에 세워진 만국교회당을 찾은 한 사람이
강단 앞에 있는 바위 위에 손을 얹었습니다.
이 바위는 비잔틴 시대부터 예수님이 기도하셨던 바위로 알려졌습니다.
그의 손은 주님을 느끼고 싶었는지 모릅니다.

photo by Kim Chiyoung

마음은 원이로되 육신이 약하도다

이 말씀, "마음에는 원이로되 육신이 약하도다"는 누구의 상태를 나타낸 말씀일까요.

한글성경에는 생략되었지만, 이 본문을 원문으로 살피면 본문 안에 관사 호ὁ가 있습니다. 대부분의 영어성경은 호ὁ를 더the로 번역했습니다. 관사 호ὁ는 모든 사람, 나와 너와 그와 그녀 앞과 모든 사물 앞에 사용할 수 있습니다. 이 관사 호ὁ가 의미하는 것은 이 말씀이 모든 사람에게 적용된다는 것입니다. 모든 사람이 마음은 원이로되 육신이 약합니다. 이것은 보편 진리입니다. '사람은 먹어야 산다'와 같은 말입니다.

예수님이 하신 말씀 "마음에는 원이로되 육신이 약하도다"를 예수님께 적용하면 이렇습니다. "얘들아, 내 마음이 십자가를 지는 것이 하나님의 뜻인 줄 알아 지기를 원하지만, 내 육신이 약하여 그것을 질 힘이 없구나. 나를 위해 내가 십자가를 질 수 있도록 기도해 줘. 하늘 아버지께 십자가를 질 힘을 내게 주시라고 기도해 줘."

이렇게 말씀하시고 예수님은 기도 자리로 가서 엎드리셨습니다. 예수님은 "아버지여 만일 할 만하시거든 이 잔을 내게서 지나가게 하옵소서"마 26:39 하며 약한 육신의 모습도 드러내셨습니다. 그러나 이내 "내 아버지여 만일 내가 마시지 않고는 이 잔이 내게서 지나갈 수 없거든 아버지의 원대로 되기를 원하나이다"마 26:42 하셨습니다. 여기, 마음이 원하는 것과 육신이 원하는 것 사이에서 갈등하고 계신 예수님이 보입니다.

기도하시던 예수님이 다시 제자들에게 오셨습니다. 제자들이 깨어 기도할 것으로 기대했지만, 이번에도 제자들은 여전히 잤습니다. 자던 제자들은 당황

아메리칸 콜로니 사진사업부 사진가들이 만국교회가 세워지기 전에 예루살렘 성문 중 하나인 사자문에서 겟세마네 동산을 촬영한 사진입니다. 미의회도서관은 이 사진 촬영 시기를 1898년부터 1946년 사이라고 이 사진 설명에 적었습니다. 만국교회가 1924년에 완성된 것을 감안하면 이 사진 촬영 시기는 1898년부터 1920년 사이라고 유추할 수 있습니다.

출처: 미의회도서관 (The Library of Congress)

기드론 골짜기를 따라 겟세마네 동산으로 가는 중에
감람산 쪽을 카메라에 담았습니다.
달이 그 방향에 있었습니다.

photo by Cho Hyunsam

했습니다. 마가는 "그들이 예수께 무엇으로 대답할 줄을 알지 못하더라"막 14:40 고 당시 상황을 전합니다.

　이 상황을 하늘에서 바라보고 계시던 하나님 아버지 마음은 어땠을까요. 세상으로 보낸 하나밖에 없는 아들이 이제 십자가에 달릴 순간이 되었을 때, 아들의 제자들이라도 아들과 함께 울며 기도했다면, 하나님의 마음은 덜 아프셨을 것 같습니다.

　예수님은 제자들이 이런 상황임에도 겟세마네 동산에서 힘쓰고 애써 더욱 간절히 기도하셨습니다. 누가는 예수님의 기도가 얼마나 처절했는지를 전하기 위해 이렇게 표현했습니다.

> 예수께서 힘쓰고 애써 더욱 간절히 기도하시니 땀이 땅에 떨어지는 핏방울 같이 되더라눅 22:44

　이 한 문장에 예수님의 절박함과 간절함이 다 들어 있습니다. 예수님은 힘쓰고 애써 더욱 간절히 기도하셨습니다.
　겟세마네 뜻은 '기름 골짜기' 또는 '기름 짜는 곳'입니다. 이곳에 올리브 나무가 많다 보니 올리브기름을 짜는 일도 빈번했습니다. 이런 연유로 자연스럽게 겟세마네가 이곳 지명이 되었습니다. 예수님은 올리브유를 짜는 틀인 겟세마네에서 땀이 땅에 떨어지는 핏방울같이 되도록 당신의 몸을 짜셨습니다. 마치 올리브유를 짜는 틀로 올리브를 짜듯이, 예수님은 아낌없이 다 짜서 우리에게 부어 주셨습니다.

겟세마네 동산에 있는
오래된 올리브 나무입니다.

photo by Cho Hyunsam

01 하늘힘교회
겟세마네_ 하늘의 힘을 받아
그 힘으로 주의 뜻을 따르는 교회

예수님이 이번에는 제자들에게 "이제는 자고 쉬라"며 "그만 되었다"막 14:4 하셨습니다. "그만 되었다"는 이미 충분히 받았다는 의미입니다. 많은 영어 성경이 충분하다_Enough!(NIV, NRSV 등), It is enough!(NASB, ESV, NKJV 등), Enough of that!(NET 등)_라고 번역했습니다.

이것은 제자들에게 자신의 마음을 내보이며 "나와 함께 깨어 있어 달라"고 부탁하시던 예수님이 하신 말씀입니다. 어떻게 보면 예수님이 삐지셔서, 제자들에 대해 마음이 상하셔서 하신 말씀같이 들릴 수도 있습니다. 아닙니다. 이 말씀 속에는 "이제는 됐다. 내가 십자가를 질 힘을 충분히 받았으니 이제는 됐다"는 의미가 들어 있습니다. 도대체 무슨 일이 있었기에 예수님이 이제는 됐다, 충분하다 하셨을까요.

예수님도 마지막 순간 힘들고 어려울 때, 고민이 되어 죽게 되었을 때, 심히 놀라시며 슬퍼하실 때, 사람에게 기대고 싶어 하셨습니다. 주님도 사람이 주는 힘을 기대했습니다. 그러나 그 힘은 사람에게서 오지 않았습니다. 사람은 그 힘을 주지 못했습니다.

우리에게도 이런 경험이 있습니다. 사람에게 힘을 좀 얻으러 갔다 힘을 얻지 못하고 돌아온 경험 말입니다. 우리가 힘을 얻기 위해 다가갔던 사람들은 우리가 잘 아는 사람들입니다. 우리와 가까운 사람들입니다. 예수님께 베드로와 야고보와 요한 같은 사람들입니다. 그 사람을 통해 힘을 얻으려다 얻지 못하고 오히려 그 일로 그와 사이가 벌어진 경우도 있습니다. 그 일로 그를 향해 서운함을 품고 사는 경우도 있습니다.

하나님은 사람을 서로에게 힘이 되도록 지으셨습니다. 지으신 목적을 따라 우리는 서로에게 힘이 되어야 합니다. 하지만 안타깝게도 사람은 기대하는 만 예루살렘 남쪽 전망대에서 촬영한 사진입니다.
앞에서 겟세마네 동산에 세워진 만국교회당 사진을 몇 장 보았기 때문에
이 사진에서 그 교회당을 다 찾을 수 있을 것 같습니다.
사진 왼쪽 가운데 보이는 것이 예루살렘 성벽입니다.
예루살렘 성벽과 만국교회당 사이가 기드론 골짜기(기드론 시내)입니다.

photo by Kim Chiyoung

큰 힘을 주지 못합니다. 때로는 힘을 주기보다 힘을 빼기도 합니다. 사람이 주는 힘도 우리에게 필요합니다.

   그러나 사람이 주는 힘은 한계가 있습니다. 어떤 일은 사람이 주는 힘으로 할 수 없습니다. 모든 힘을 사람을 통해 받으려는 생각은 재고가 필요합니다. "사람이 주는 힘은 한계가 있다. 사람을 통해 받는 힘은 한계가 있다." 우리 자신에게 말해 줘야 합니다.

   제자들은 예수님께 힘을 주지 못했습니다. 예수님은 베드로와 야고보와 요한에게 힘을 받지 못하셨습니다. 그러나 십자가를 지려면, 고난의 잔을 마시려면 힘이 있어야 합니다. 힘이 없이는 십자가를 질 수 없습니다. 힘이 없이는 사명을 감당할 수 없습니다. 힘이 있어야 목회할 수 있습니다. 힘이 있어야 완주할 수 있습니다. 그 힘이 필요합니다.

   예수님은 그 힘을 마침내 받으셨습니다. 고난의 잔을 마실 힘을 예수님은 받으셨습니다. 십자가를 지실 힘을 예수님은 받으셨습니다. 예수님은 이 고난의 잔을 마실 힘을 어디서 받으셨을까요. 누가복음이 우리에게 그 답을 줍니다.

사진은 만국교회당 내부입니다. 출입구로 들어가 오른쪽으로 비켜서서 촬영한 사진입니다. 이 교회당 내부를 궁금해하는 성도들에게 "겟세마네 동산에 세워진 만국교회당 안은 이렇게 생겼습니다"라고 보여주기 위해 삽입한 사진입니다. 삼각대를 사용할 수 없는 상황이라 별도의 조명 없이 카메라를 들고 촬영한 사진입니다. 사진에 관심이 있는 이들은 이 사진의 ISO가 상당히 높은 것이 눈에 들어올 것입니다.

photo by Cho Hyunsam & Kim Chiyoung

천사가 하늘로부터 예수께 나타나 힘을 더하더라 눅 22:43

하나님이 천사를 통해 주신 하늘 힘은 예수님을 더욱 기도하게 했습니다. 또한 그 힘은 십자가를 지는 힘으로 이어졌습니다.

예수님은 힘을 하늘로부터 받았습니다. 제자들이 주지 못한 힘을 하나님이 하늘의 천사들을 통해 보내 주셨습니다. 힘을 받은 예수님은 담대하게, 당당하게 십자가를 지러 가시겠다고 말씀하십니다.

때가 왔도다 보라 인자가 죄인의 손에 팔리느니라 막 14:41

이 말이 떨어지기 무섭게 가룟 유다가 나타났습니다. 대제사장들과 백성의 장로들에게서 파송된 큰 무리가 칼과 몽치를 가지고 그를 앞세우고 예수님을 잡으러 왔습니다. 예수님은 잡히셨습니다. 하늘 힘을 받은 예수님은 십자가를 지러 가셨습니다.

결국 예수님은 그 잔을 마셨습니다. 십자가를 지셨습니다. 예수님과 제자들의 차이는 기도가 갈랐습니다. 마음이 원하는 것은 예수님이나 제자들 다 좋았습니다. 그러나 제자들은 마음이 원하는 것을 몸으로 하지는 못했습니다.

베드로는 마음은 원이로되 육신이 약하여 예수님을 부인했습니다. 그것도 세 번이나. 예수님은 마음이 원하는 것을 그 몸으로 하셨습니다. 이 차이는 힘의 차이입니다. 기도로 힘을 얻었느냐의 여부가 이런 결과로 나타났습니다. 예수님이 우리에게 기도를 가르치시며 "우리를 시험에 들게 하지 마시옵소서 하라" 하신 이유도 이 때문입니다.

하늘 힘

살다 보면 사람에게 기대고 싶을 때가 있습니다. 가족에게 기대고 싶을 때도 있고, 친구에게 기대고 싶을 때도 있고, 동료에게 기대고 싶을 때도 있습니다. 어쩌면 이것이 우리 아닐까 싶습니다. 그러다 그들이 우리의 기댈 언덕이 되어 주지 않는 것으로 인해 서운해하고 힘들어하는 것이 어쩌면 우리일지 모릅니다. 누구도 예외 없이 사람이 주는 힘을 기대합니다. 사람에게 힘을 받고 싶을 때가 있습니다. 사람에게 기대고 싶을 때가 있습니다.

힘은 필요한데 힘이 없을 땐 사람들에게 힘이 좀 되어 달라고 부탁하기도 합니다. 우리가 이런 부탁을 하는 사람은 먼 데 있는 사람이 아닙니다. 가까이 있는 사람들입니다. 모르는 사람이 아닙니다. 지인입니다. 예수님께 제자들과 같은 사람들, 베드로와 야고보와 요한과 같은 사람들이 우리 곁에도 있습니다. 우리는 때로 그들에게 내게 힘 좀 달라고 부탁할 때가 있습니다.

이럴 때, 누군가가 우리에게 힘 받기를 원할 때 우리는 그에게 힘이 되어 주

예루살렘에서 갈릴리까지는 자동차로 네다섯 시간이 걸립니다.
가다가 한두 곳을 들르면 아침에 출발해도 저녁에 도착합니다.
갈릴리에 도착하니 몸도 마음도 더 지쳤습니다.

photo by Cho Hyunsam

쿰란에서 촬영한 사해입니다. 사해 건너편은 요르단입니다.
photo by Cho Hyunsam

면 좋겠습니다. 우리를 통해서 힘 받기 원하는 사람들에게 줄 힘이 우리에게 있으면 좋겠습니다.

그러나 우리가 힘이 필요한 상황, 힘을 받아야 할 입장이라면 하늘 힘을 구해야 합니다. 예수님이 겟세마네 동산에 나가 기도하실 때 하나님이 천사들을 보내 주신 그 하늘 힘을 받아야 합니다. 오늘, 기도하는 우리에게도 하나님은 하늘 힘을 주십니다. 하늘 힘이 있어야 사명을 감당하고 그래야 우리도 우리 십자가를 질 수 있습니다.

어느 해 성경지리연수 때

특별한 사정이 없는 한 저는 매년 겨울 바이블랜드로 성경지리연수를 갑니다. 성경의 땅을 공부하러 갑니다. 바이블랜드 필드스터디입니다. 3주 정도의 일정입니다. 낮에는 성경의 역사가 펼쳐졌던 현장을 찾아 성경을 통해 그곳에서 있었던 일을 공부하며 하나님이 주시는 감동을 받습니다. 자료 사진 촬영도 이때 합니다.

성경지리연수를 가면 하루에도 몇 개씩 교회 홈페이지에 글을 올립니다. 우리 교회는 홈페이지가 있고, 홈페이지에는 게시판이 있어 언제 어디서든 글을 쓸 수 있기 때문입니다. 그리고 게시판에는 댓글 기능이 있어 현장에서 글을 쓰면 성도들과 교역자들이 댓글로 응원을 해 주기도 합니다.

숙소에 돌아와서 그날 다녀온 현장에서 하나님이 주신 은혜를 글과 사진으로 정리해 교회 홈페이지에 올리기도 하는데, 그러다 보면 자정을 훌쩍 넘기는 날이 허다합니다. 성경지리연수도 힘이 필요합니다.

2014년 2월, 여느 해처럼 성경지리연수를 떠났습니다. 연수를 떠나며 교역자들에게 평소 하지 않던 부탁을 하나 했습니다. 현장에서 지칠 때도 있으니 댓글로 응원을 부탁한다고요.

  다른 해보다 그 해는 유난히 힘이 많이 들었던 것 같습니다. 몸도 그렇지만 무슨 일인지 마음이 매우 힘들었습니다. 힘들 때면 교회 홈페이지에 올려둔 현장에서 쓴 글을 다시 읽기도 했습니다. 정확히는 제가 쓴 글이 아니라 그 글에 달린 댓글을 읽었습니다. 부탁까지 하고 나왔는데, 교역자들 댓글이 예년보다 훨씬 적었습니다. 댓글을 통해 힘을 좀 받으려다 오히려 맥이 빠졌습니다. 웬만해서는 연락을 하지 않는데 교역자들과 소통하는 밴드에 힘든 마음을 풀어놓고 댓글 응원을 부탁했습니다.

  이렇게 하고 예루살렘에서 갈릴리로 올라갔습니다. 성경지리연수 때 베들레헴이나 예루살렘에 주로 숙소를 잡습니다. 하지만 갈릴리 일정일 때는 숙소를 그곳으로 옮깁니다. 지리적으로, 거리적으로, 시간적으로 그렇게 해야 합니다.

  예루살렘에서 갈릴리까지는 자동차로 네다섯 시간이 걸립니다. 가다가 한두 곳을 들르면 아침에 출발해도 저녁에 도착합니다. 갈릴리에 도착하니 몸도 마음도 더 지쳤습니다. 이런 적이 없는데 왜 이렇게 힘이 드는지, 왜 이렇게 힘이 없는지를 생각하는 것도 힘들었습니다. 숙소에 도착해 일찍 잠자리에 들었습니다. 시차는 이미 극복되었을 때인데 쉽게 잠을 이루지 못했습니다. 그야말로 이리 뒤척 저리 뒤척이며 시간을 보냈습니다.

  그러다 새벽이 되었습니다. 자리에서 일어나 노트북을 열었습니다. 교역자들에게 부탁한 댓글이라도 읽고 힘을 좀 내야겠다는 생각이 들었습니다. 그런데 새로 달린 댓글이 없었습니다. 분명, 일부러 부탁까지 했는데 약속이라도 한 듯이 아무도 댓글을 달지 않았습니다. 기대했던 댓글이 없었습니다. 남은 힘마저 빠졌습니다. 불을 껐습니다.

순간, 그해 성경지리연수 중 특별한 감동 없이 그냥 지나치며 들른 겟세마네 동산이 생각났습니다. 겟세마네 동산에서 기도하시던 예수님이 갈릴리로, 교역자들을 통해 힘을 좀 받아 보려다 오히려 힘이 더 빠진 저를 찾아오셨습니다.

그날 밤에, 아니 그 새벽녘에 예수님이 "현삼아, 많이 힘들지"라고 귀에 대고 말씀하시는 것 같았습니다. 그때 그 순간, 섬광처럼 지나간 두 단어가 있습니다. '하늘'과 '힘'입니다. 하늘 힘, 이 두 단어가 그날 저의 가슴을 파고들었습니다.

일어나 노트북 앞에 앉아 글을 썼습니다. 그 글 제목이 '하늘 힘'입니다. 그해 성경지리연수에서 돌아와 한 설교 제목 역시 '하늘 힘'입니다. 저는 그때도 지금도 그때 그 상황은 하나님이 하늘 힘을 선물해 주시기 위해 계획하신 일이라고 믿습니다.

당연히 그때 하나님이 계획하신 그 일에 수종을 든 교역자들에게 고마운 마음이 있습니다. 꽤 오랜 시간이 흘렀지만, 그때 하나님이 선물로 주신 '하늘 힘'은 그날 이후 오늘까지도 저와 성도들 가슴에 여전히 강렬하게 남아 있습니다. 지금도 우리는 하늘 힘으로 살고 하늘 힘으로 사명을 감당하려고 하늘 힘을 구하고 있습니다.

그렇다고 우리가 사람이 주는 힘을 거절하거나 부정하는 것은 아닙니다. 하나님이 사람을 통해 우리에게 주시는 힘이 있습니다. 그 힘도 우리는 감사함

골란고원에서 본 갈릴리 호수입니다.

photo by Cho Hyunsam

으로 받고 있습니다. 대신 그 힘도 사람에게 구하지 않고 하나님께 구합니다. 시편 기자와 하박국 선지자는 "주 여호와는 나의 힘이시라"합 3:19, 이사야 선지자는 "나의 하나님은 나의 힘이 되셨도다"사 49:5라고 고백했습니다. 우리도 이렇게 고백하며 하늘 힘을 구할 때, 하나님은 하늘 힘을 우리에게 바로 주시기도 하지만 때로는 우리 곁에 있는 사랑하는 사람들에게 하늘 힘을 배송하는 천사 역할을 맡기기도 하십니다. 그 힘도 우리는 하나님이 주시는 하늘 힘으로 받습니다.

그날 밤
제자들은

　그날 밤, 가룟 유다를 앞세우고 온 무리가 예수를 잡아가던 날 밤에, 예수님이 잡히신 후에 제자들은 어떻게 했을까.
　마태복음은 "이에 제자들이 다 예수를 버리고 도망하니라" 마 26:56 라고 기록했고, 마가복음은 "제자들이 다 예수를 버리고 도망하니라 한 청년이 벗은 몸에 베 홑이불을 두르고 예수를 따라가다가 무리에게 잡히매 베 홑이불을 버리고 벗은 몸으로 도망하니라" 막 14:50-52 라고 적었습니다. 누가복음은 이 내용을 보도하지 않았습니다. 요한복음은 이날 밤 일을 18장에서 조금 길게 기록했습니다. 그 내용을 살펴보려고 합니다.
　가룟 유다를 앞세운 무리가 예수님을 잡으러 오자 예수님은 그 당할 일을 다 아시고 그들 앞에 나아가 너희가 누구를 찾느냐고 물으셨습니다. 무리가 나사렛 예수라 하자 "내가 그"라고 하셨습니다. 이 말을 들은 그들이 물러가서 땅에 엎드러졌습니다. 예수님에 대해 들은 것이 많다 보니, 예수님이 하늘에서 불을 내려 멸하실지도 모른다는 두려움이 그들에게 있었나 봅니다. 예수님이 다시 누구를 찾느냐고 묻자 그들이 나사렛 예수라고 거듭 말했습니다. 예수님은 "내가 그"라고 하시며 "나를 찾았으니 이 사람들이 가는 것은 용납하라" 하셨습니다.

예수님이 자신을 잡으러 온 이들과 그 와중에도 협상을 하셨습니다. 예수님이 말씀하신 "이 사람들이 가는 것은 용납하라"요 18:8에 나오는 이 사람들은 제자들을 가리킵니다. 예수님은 너희가 잡으려는 사람인 내가 잡혀갈 테니, 이 사람들은 잡아가지 말라고 제안하신 겁니다. 제자들을 아끼고 사랑하시는 예수님이 진하게 느껴집니다. 무리는 예수님의 제안을 받아들였습니다. 생각 같아서는 일망타진하고 싶었겠지만, 그러다 예수를 잡지 못하는 상황이 생길까 싶어서인지 예수님의 제안을 받아들였습니다.

이것을 기록한 요한은 예수님이 이렇게 하신 이유가 "아버지께서 내게 주신 자 중에서 하나도 잃지 아니하였사옵나이다 하신 말씀을 응하게 하려 함이러라"요 18:9라고 했습니다. 예수님은 불과 몇 시간 전에 마가 요한의 다락방에서 기도하시며 이와 같은 말씀을 하셨습니다.

요한은 이 보도 후에 시몬 베드로가 칼로 대제사장의 종을 쳐서 오른편 귀를 벤 사건을 이어 보도했습니다. 베드로는 예수님의 협상을 못마땅히 여겨 그런지 몰라도 그들과 대항해 싸웠습니다. 협상이 결렬될 위기에 예수님이 베드로에게 칼을 칼집에 꽂으라며 말리셨습니다. 그러면서 예수님은 제자들에게 "아버지께서 주신 잔을 내가 마시지 아니하겠느냐"요 18:11 하셨습니다.

마태복음과 마가복음의 내용과 요한복음의 내용을 종합하면 이렇습니다. 요한복음에 자세히 기록된 대로 예수님은 제자들을 세상에 남겨 두실 생각이셨습니다. 이것은 몇 시간 전에 마가 요한의 다락방에서 드린 기도 중에 예고된 일입니다.

예수님은 거기서 기도하는 중에 "나는 세상에 더 있지 아니하오나 그들은 세상에 있사옵고 나는 아버지께로 가옵나니"요 17:11a 라고 하셨습니다.

예수님은 "내가 그들과 함께 있을 때에 내게 주신 아버지의 이름으로 그들을 보전하고 지키었나이다"라며 "그중의 하나도 멸망하지 않고 다만 멸망의 자식뿐이오니 이는 성경을 응하게 함이니이다"요 17:12 라고 하셨습니다.

예수님은 "내가 비옵는 것은 그들을 세상에서 데려가시기를 위함이 아니요 다만 악에 빠지지 않게 보전하시기를 위함이니이다"요 17:15 라고 하셨습니다. 이 기도를 보면 예수님이 제자들을 세상에 남겨 두시려고 작정하신 것이 확실합니다.

예수님은 제자들과 같이 죽을 생각이 없으셨습니다. 자신은 십자가에 달려 죽으나, 제자들은 이 땅에 살게 하는 것이 예수님의 뜻이었습니다. 예수님은 마가 요한의 다락방에서 기도하시며 제자들이 자기와 함께 죽기를 구하지 않으셨습니다. 예수님은 제자들이 살기를, 이 땅에서 하나되어 살기를 간절히 원하셨습니다.

 예수님은 "내게 주신 영광을 내가 그들에게 주었사오니 이는 우리가 하나가 된 것 같이 그들도 하나가 되게 하려 함이니이다"요 17:22라며 그 이유를 덧붙였습니다. 예수님이 제자들을 하나 되게 하려 한 이유는 아버지께서 당신을 보내신 것과 또 당신을 사랑하심 같이 그들도 사랑하신 것을 세상으로 알게 하고 싶으셔서입니다. 몇 시간 전에 마가 요한의 다락방에서 예수님이 하신 기도에는 예수님이 떠나신 후에도 제자들이 이 땅에 사는 것을 전제로 하나님께 구하는 내용이 가득합니다.

 그래서 예수님은 잡히시는 순간에 잡으러 온 무리와 협상하신 것입니다. 제자들을 살게 하려고, 그들에게 이 사람들이 가는 것은 용납하라고 하신 것입니다. 지금은 그들이 죽을 때가 아닙니다. 그들은 이 땅에 남아서 해야 할 일이 있습니다. 주님의 마음과 주님의 뜻을 안 제자들은 예수님을 거기 남겨 두고 피했습니다.

 그런데, 왜 마태복음과 마가복음은 제자들이 다 예수를 버리고 도망했다고 기록했을까요. 이 본문을 원어로 찾아보았습니다. '버리고'를 먼저 찾아보았습니다. 버리다, 곧 아피에미 ἀφίημι의 대표적인 뜻은 '떠나다'입니다. 우리 한글 성경에는 '두고, 버리고, 버려두고' 등으로 번역되었습니다.

예수님의 부름에 '예' 하고 따른 제자들을 마태는 "그들이 곧 배와 아버지를 버려두고ἀφέντεσ(기본형: ἀφίημι)예수를 따르니라"마 4:22라고 적었습니다. 여기서 보듯이 마태는 이 단어를 '거기 두고'라는 의미로 썼습니다. 이것을 감안하면 마태의 표현은 '이에 제자들이 다 예수를 거기 두고 도망하니라'가 됩니다.

이어서 '도망하다'를 원어 사전에서 찾았습니다. 도망하다, 곧 퓨고φεύγω의 대표적인 의미는 '피하다, 달아나다'입니다. 우리 성경에 '도망하다'로 번역이 되기도 했지만, '피하다'로 더 많이 번역되었습니다. '도망하다'와 '피하다'는 우리말에서 어감의 차이가 큽니다.

'도망하다'는 부정적인 이미지가 강합니다. 그렇다고 성경에서 도망하다가 늘 부정적인 의미로만 쓰인 것은 아닙니다. 이고니온에서 바울과 바나바가 전도할 때 이방인과 유대인과 관리들이 그들을 모욕하며 돌로 치려고 달려든 적이 있습니다. 이때 바울과 바나바가 어떻게 대응했는지를 설명하며 성경은 "그들이 알고 도망하여 루가오니아의 두 성 루스드라와 더베와 그 근방으로 가서 거기서 복음을 전하니라"행 14:1-7라고 했습니다.

'피하다'는 '도망하다'에 비해 상대적으로 부정적인 이미지가 덜합니다. 예수님 탄생 후 주의 사자가 요셉에게 현몽하여 "헤롯이 아기를 찾아 죽이려 하니 일어나 아기와 그의 어머니를 데리고 애굽으로 피하여$\phi\epsilon\hat{\upsilon}\gamma\epsilon$(기본형:$\phi\epsilon\acute{\upsilon}\gamma\omega$)내가 네게 이르기까지 거기 있으라"마 2:13고 했습니다. 예수님은 제자들에게 "이 동네에서 너희를 박해하거든 저 동네로 피하라$\phi\epsilon\acute{\upsilon}\gamma\epsilon\tau\epsilon$(기본형:$\phi\epsilon\acute{\upsilon}\gamma\omega$)"마 10:23고 하셨습니다. 여기서 보듯이 피하는 것이 하나님의 뜻이고 예수님의 명령인 경우도 있습니다.

이제 이 의미를 넣고 마태가 한 말을 해석하면 '이에 제자들이 다 예수를 거기 두고 피하니라'가 됩니다. 이런 의미를 염두에 두고 우리는 "제자들이 다 예수를 버리고 도망하니라"를 읽어야 합니다. 제자들이 두려운 마음에 도망한 면도 있지만, 그들을 세상에 남겨 두기 원하셔서 "이 사람들이 가는 것은 용납하라"며 잡혀가신 예수님의 마음도 함께 읽어야 합니다. 제자들은 다 예수님을 거기 두고 피했습니다.

드론으로 촬영한 막달라입니다.
사진 왼쪽이 막달라입니다.

photo by Kim Chiyoung

———
chapter 2

여상한교회

막달라

같을 여如 항상 상常,
처음도 중간도 마지막도
변함없는 교회

여상한교회

성경에 나오는 사람 중 이름이 같은 사람이 많습니다. 우리 교회 성도 중에도 이름이 같은 성도가 많습니다. 이들을 구분하기 위해 이름 뒤에 숫자를 붙이기도 하는데 어떤 이름은 숫자가 10을 넘기도 합니다. 성경은 같은 이름을 구분하기 위해 숫자를 붙이는 대신 그의 아버지나 어머니나 형제의 이름을 함께 넣습니다. 눈의 아들 여호수아, 여분네의 아들 갈렙, 세베대의 아들 야고보와 요한, 갈렙의 아우 그나스, 아하시야의 누이 여호세바, 다윗의 형 시므아 등이 여기에 해당합니다. 또한 성경은 출신 지역을 앞에 넣어서 이름이 같은 사람을 구분합니다. 가룟인 유다, 구레네 사람 시몬, 셀롯인 시몬, 막달라 마리아 등이 여기에 해당합니다.

02 여상한교회

막달라_ 같을 여如 항상 상常,
처음도 중간도 마지막도 변함없는 교회

동명이인

성경에 많이 나오는 이름 중 하나가 마리아입니다. 성경은 다양한 방법으로 그 마리아가 어떤 마리아인지를 우리에게 알려 줍니다. 본문의 문맥상 그냥 마리아라고 해도 그가 어느 마리아인지 알 수 있는 경우는 그냥 마리아라고 합니다.

나사로가 오라비로 등장하는 본문에 나오는 마리아는 별도의 설명 없이 마리아라고 해도 '아, 나사로 누이 마리아'라고 우리는 압니다. 예수님의 탄생 기사에 등장하는 마리아의 경우는 그냥 마리아라고 해도 우리는 예수의 어머니 마리아로 압니다. 그러나 마리아가 동시에 등장하는 본문에는 다양한 방법으로 그 마리아가 누구인지 구분할 수 있게 합니다. 이런 경우 성경은 야고보와 요셉의 어머니 마리아, 요세의 어머니 마리아, 야고보의 어머니 마리아, 글로바의 아내 마리아, 요한의 어머니 마리아, 막달라 마리아, 막달라인이라 하는 마리아 등으로 적어 어느 마리아인지 구분이 가능하게 합니다.

우리는 성경에 나오는 이 마리아 중 한 마리아를 만나러 가려고 합니다. 그녀는 막달라 마리아입니다. 가룟 유다의 가룟을 성으로 생각하는 것처럼 막달라 마리아도 막달라를 성으로 생각하기 쉽습니다.

막달라는 지명입니다. 막달라는 갈릴리 호숫가에 있는 한 마을 이름입니다. 막달라는 갈릴리에서 잡은 고기를 염장하던 곳으로 유명합니다. 성경에 막달라는 막달라 마리아를 다른 마리아와 구별할 때만 나옵니다. 막달라가 지역 이름으로 성경에 나오기도 하는데 그때는 다른 이름으로 나옵니다.

막달라가 지명으로 사용될 때는 마가단 또는 달마누다로 성경에 나옵니다. 물고기 두어 마리와 떡 일곱 개로 여자와 어린이를 제외하고 4천 명이 먹고 일곱 광주리가 남는 기적이 있었습니다. 이 일 후에 예수님이 배를 타고 떠나셨 막달라는 가버나움과 디베랴 사이에 있습니다. 막달라는 주전 759년 지진으로 산이 찢어지면서 생겼다고 전해지는 아르벨산 위에서 보입니다. 아르벨산 정상에서 막달라를 촬영하기 위해 달려갔는데, 들어갈 수 없었습니다. 우리가 도착한 시간은 4시 7분, 아르벨산은 이스라엘국립공원으로 오후 4시에 문을 닫습니다. 아쉽지만 조금 내려와 촬영할 수밖에 없었습니다. 사진에 갈릴리 호수가 보입니다. 아쉽게도 막달라는 아르벨산 오른쪽에 가려 보이지 않습니다.

photo by Kim Chiyoung

다고 성경은 기록합니다.

> 예수께서 무리를 흩어 보내시고 배에 오르사 마가단 지경으로 가시니라 마 15:39
> 곧 제자들과 함께 배에 오르사 달마누다 지방으로 가시니라 막 8:10

마태는 마가단 지경으로 가셨다고 했고 마가는 달마누다 지방으로 가셨다고 했습니다. 이명동지異名同地. 이름은 다른데 지역은 같다는 말이지요. 마가단과 달마누다는 이명동지입니다. 이곳이 막달라입니다.

당시에 주요한 교통수단은 배였습니다. 그러다 보니 배를 대는 곳이 많았겠지요. 그 포인트마다 이름이 있었을 것입니다. 막달라와 마가단과 달마누다는 노원구와 상계동과 수락산역과 같을 수 있습니다. 학자들은 막달라를 큰 지역 이름으로 추정합니다. 그렇다면 막달라가 노원구에 해당하겠지요. "아무개가 노원구로 갔다." "아무개가 상계동으로 갔다." "아무개가 수락산역으로 갔다." 모두 맞는 말입니다.

photo by Cho Hyunsam

출현

막달라 마리아는 누가복음을 통해 성경에 처음 등장합니다. 예수님이 공생애를 시작하시고 활발하게 전도 활동을 하는 중에 막달라 마리아가 등장합니다.

> 그 후에 예수께서 각 성과 마을에 두루 다니시며 하나님의 나라를 선포하시며 그 복음을 전하실새 열두 제자가 함께하였고 또한 악귀를 쫓아내심과 병 고침을 받은 어떤 여자들 곧 일곱 귀신이 나간 자 막달라인이라 하는 마리아와 헤롯의 청지기 구사의 아내 요안나와 수산나와 다른 여러 여자가 함께하여 자기들의 소유로 그들을 섬기더라 눅 8:1-3

막달라 마리아는 이 말씀에서 보듯이 '그 후'에 성경에 등장합니다. 우리는 성경을 읽다가 대명사가 나오면 그 대명사의 본 명사를 찾아 '아, 그 사람을 가리키는구나' 또는 '아, 그 일을 이야기하는구나' 하는 과정을 거쳐야 합니다. 마찬가지로 그날, 그때, 그 후가 나오면 그날과 그때와 그 후의 그가 무엇인지

회당터가 복원되어
우리 일행을 기다렸습니다.
갈릴리에서 가장 오래된,
예수님 당시에도
있었던 막달라 회당입니다.

를 살펴야 합니다.

우리가 성경을 앞에서부터 쭉 이어 읽는 경우도 있지만, 중간을 읽는 경우도 있습니다. 이런 경우 이 말씀처럼 '그 후에'가 나오면 '무슨 일 후일까'라며 그 일이 무엇인지 찾아봐야 합니다. 문맥 속에서 말씀을 봐야 한다고 우리는 성경 공부 때 배웠습니다. 그 말이 바로 이 과정을 거쳐야 한다는 말입니다.

막달라 마리아가 성경에 처음 소개되기 전에 있었던 일은 바로 앞장인 누가복음 7장 36절에서 50절까지 나와 있습니다. 한 바리새인이 예수님을 초청해서 식사할 때 그 동네에 죄를 지은 한 여자가 향유 담은 옥합을 가지고 와서 예수님께 부었습니다. 예수님은 그 여인을 향해 "네 죄 사함을 받았느니라"눅 7:48라며 "네 믿음이 너를 구원하였으니 평안히 가라"눅 7:50라고 하셨습니다.

이 일 후에 예수께서 각 성과 마을에 두루 다니시며 하나님의 나라를 선포하시며 그 복음을 전하셨습니다. 그때 열두 제자가 함께했습니다. 누가는 열두 제자 외로 예수님의 전도 여행에 동행한 이들을 추가로 소개했습니다. 또한 악귀를 쫓아내심과 병 고침을 받은 어떤 여자들이 예수님의 전도 여정에 동행했습니다. 누가는 이 여인들의 이름을 구체적으로 밝히며 소개했습니다. 누가에 따르면 일곱 귀신이 나간 자 막달라인이라 하는 마리아와 헤롯의 청지기 구사의 아내 요안나와 수산나와 다른 여러 여자가 예수님과 함께했습니다. 누가는 이들의 역할도 소개했습니다. 이 여인들은 자기들의 소유로 그들을 섬겼습니다.

사람들이 누가복음 7장에 나오는 예수님께 향유를 부은 그 동네에 죄를 지은 한 여자를 막달라 마리아라고 오해하기도 하는데, 누가복음 7장과 8장을 이어 읽기만 해도 하기 어려운 오해입니다.

막달라 마리아는 예수님께 은혜를 입었습니다. 이것은 비단 막달라 마리아만 그런 것은 아닙니다. 예수님과 동행한 여인들 모두 예수님께 은혜 입은 여인들입니다. 누가는 그들을 "악귀를 쫓아내심과 병 고침을 받은 여자들"눅 8:2이라고 소개했습니다.

막달라 마리아는 일곱 귀신이 들렸던 사람입니다. 그녀는 자신의 의지가 아니라 귀신들의 조정을 받으며 고통스럽고 괴로운 삶을 살았습니다. 그 고통에서 그녀를 건져 주신 분이 예수님입니다. 새 삶을 살게 된 그녀는 동행했습니다. 이때만이 아니라 그녀는 계속 예수님과 동행했습니다.

누가는 막달라 마리아를 소개한 후에 계속해서 씨 뿌리는 비유와 예수님이 바람과 물결을 잔잔하게 하신 내용을 기록했습니다. 성경이 특별한 경우에는 역사적 순서와 상관없이 뒤에 일어난 일을 앞에 기록하기도 하지만, 일반적으로는 역사적 순서대로 기록합니다. 전후 상황을 감안하면 막달라 마리아는 예수님의 사역 초기에 예수님을 만났습니다. 그녀가 예수님을 사역 초기에 만날 수 있었던 것은 지리적인 영향도 한몫했을 것 같습니다. 예수님이 사역 베이스캠프로 삼은 가버나움과 마리아의 고향 막달라는 가깝습니다.

동행

막달라 마리아는 귀신이 나간 후에 예수님과 동행하며 자기의 소유로 예수님을 비롯한 열두 제자의 전도 여행비를 여러 여인과 함께 섬겼습니다. 막달라 마리아가 재정적인 여유가 있었음을 엿볼 수 있는 대목입니다. 당시 막달라는 갈릴리에서 잡은 고기를 염장해 판매하는 곳으로 부유한 마을이었습니다. 발굴된 막달라에서도 막달라가 부유한 마을이었음을 알 수 있는 넓은 집터 등이 발굴되었습니다.

막달라에 정결 의식을 거행하는
미크베(정결탕)도 잘 복원되어 있었습니다.

photo by Cho Hyunsam

막달라 마리아 이름이 이때 한 번 등장한 후 성경에 그녀의 이름이 다시 등장한 것은 예수님이 십자가에 달리실 때입니다. 예수님이 십자가에 달리실 때 막달라 마리아는 예수님 곁에 있었습니다. 군인들이 예수를 십자가에 못 박고 그의 옷을 제비 뽑을 때, 십자가 밑에 있었던 요한은 "예수의 십자가 곁에는 그 어머니와 이모와 글로바의 아내 마리아와 막달라 마리아가 섰는지라"요 19:25라고 증언합니다. 예수님이 고난당하실 때, 막달라 마리아는 예수님 곁에 있었습니다.

임종

예수님이 십자가에서 크게 소리 지르시고 영혼이 떠나셨습니다. 마태는 예수님의 임종을 지킨 사람들 이름을 그의 복음서에 적었습니다.

> 예수를 섬기며 갈릴리에서부터 따라온 많은 여자가 거기 있어 멀리서 바라보고 있으니 그중에는 막달라 마리아와 또 야고보와 요셉의 어머니 마리아와 또 세베대의 아들들의 어머니도 있더라 마 27:55-56

막달라 마리아는 마태가 거명한 예수님의 임종을 지킨 여인 중 한 사람입니다. 어쩌면 이 순간은 예수님께 있어 가장 외롭고 힘든 시간이었을지 모릅니다. 그 시간 막달라 마리아는 예수님과 함께했습니다. 예수님이 십자가에 달려 죽으시고 아리마대의 부자 요셉의 묘에 장사지낸 바 되셨습니다. 마태는 그 상황을 구체적으로 적었습니다.

저물었을 때에 아리마대의 부자 요셉이라 하는 사람이 왔으니 그도 예수의 제자라 빌라도에게 가서 예수의 시체를 달라 하니 이에 빌라도가 내주라 명령하거늘 요셉이 시체를 가져다가 깨끗한 세마포로 싸서 바위 속에 판 자기 새 무덤에 넣어 두고 큰 돌을 굴려 무덤 문에 놓고 가니 거기 막달라 마리아와 다른 마리아가 무덤을 향하여 앉았더라 마 27:57-61

예수님께 무덤을 제공한 사람을 마태는 '아리마대의 부자 요셉'이라며 '그도 예수의 제자'라고 소개했습니다. 예수님 주변에는 가난한 사람도 있었고 부자도 있었습니다. 예수님은 가난한 자의 구주이자 부자의 구주이십니다. 예수님은 하나님이 택하신 모두의 구원자이십니다.

아리마대 사람 요셉은 빌라도에게 가서 예수의 시체를 달라고 요구했습니다. 이 사람의 담력과 영향력을 가늠할 수 있는 대목입니다. 로마 총독은 만나고 싶다고 만날 수 있는 위치가 아닙니다. 빌라도가 "내주라"고 명령했습니다. 요셉은 시체를 가져다가 깨끗한 세마포로 싸서 바위 속에 판 자기 새 무덤에 넣어 두고 큰 돌을 굴려 무덤을 막았습니다.

마태는 "거기 막달라 마리아와 다른 마리아가 무덤을 향하여 앉았더라"라고 기록했습니다. 대부분 막달라 마리아가 안식 후 첫날 새벽 무덤에 찾아간 것은 잘 알지만, 예수님이 십자가에 달리시고 죽어 장사 지낼 때까지 줄곧 예수님과 함께했다는 사실은 잘 모릅니다. 우리 개념으로 말하면 '하관식'을 마치고 무덤 작업을 마무리한 후에도 막달라 마리아는 그 자리를 떠나지 않고 무덤을 향하여 앉아 있었습니다.

곁에

막달라 마리아가 얼마 동안 예수님의 무덤 앞에 앉아 있었는지는 모릅니다. 성경을 통해 알 수 있는 것은 무덤을 제공한 아리마대 요셉도 장사를 마치고 돌아갔다는 사실입니다. 막달라 마리아는 그 후에도 무덤 앞에 앉아 있었습니다. 막달라 마리아는 예수님이 살아 계실 때뿐만 아니라 죽어 장사 지낸 후에도 예수님 곁에 있었습니다. 많은 사람이 예수님께 몰릴 때도 많은 사람이 예수님을 떠날 때도 나귀를 타고 예루살렘에 입성하는 예수님을 향해 사람들이 호산나를 외치며 환호할 때도 수많은 군중이 예수를 십자가에 못 박으라고 외칠 때도 막달라 마리아는 예수님 곁에 있었습니다. 그녀의 자리는 항상 예수님 곁이었습니다.

막달라 마리아가 예수님이 부활하실 때까지 무덤 앞에 앉아 있었던 것은 아닙니다. 마태는 "안식일이 다 지나고 안식 후 첫날이 되려는 새벽에 막달라 마리아와 다른 마리아가 무덤을 보려고 갔더니"마 28:1라고 했습니다. 어느 순간 막달라 마리아도 돌아갔다 다시 왔습니다. 마가는 막달라 마리아를 비롯한 여인들이 "예수께 바르기 위하여 향품을 사다 두었다"막 16:1라고 그의 복음서에 적었습니다. 누가는 이 여인들이 준비한 것이 향품과 향유라고 구체적으로 적었습니다.

> 갈릴리에서 예수와 함께 온 여자들이 뒤를 따라 그 무덤과 그의 시체를 어떻게 두었는지를 보고 돌아가 향품과 향유를 준비하더라 계명을 따라 안식일에 쉬더라 눅 23:55-56

함께

성경에 나타난 막달라 마리아를 주의 깊게 살펴보면, '함께'라는 단어가 떠오릅니다. 그가 처음 성경에 출현할 때 예수님께 은혜 입은 여러 여자와 함께 그 이름이 나옵니다. 그녀가 예수님의 임종을 지킬 때도 역시 여러 여인과 함께했습니다. 예수님의 장례를 위해 향품과 향료를 준비할 때도 그는 함께했습니다. 예수님의 무덤에 찾아갈 때도 그는 여인들과 함께했습니다. 막달라 마리아는 예수님과 동행하며 곁에 있는 사람들과 함께했습니다.

우리는 예수님과 동행은 하는데 곁에 있는 사람과 함께하지는 못하는 안타까운 경우도 종종 봅니다. 예수님과의 동행이 어느 순간 권력이 되어 곁에 있는 사람들과 함께하기보다 그들 위에 군림하려고 하는 것입니다. 하나님과 가까운 사람은 사람과 멀다는 우스갯소리가 있습니다. 예수님과 동행하면서도 사람과 함께하는 온기 있는 삶. 막달라 마리아에게 배우고 싶고, 닮고 싶습니다.

영광

예수님이 부활하셨습니다. 부활하신 예수님은 막달라 마리아를 먼저 만나주셨습니다.

> 예수께서 안식 후 첫날 이른 아침에 살아나신 후 전에 일곱 귀신을 쫓아내어 주신 막달라 마리아에게 먼저 보이시니 막 16:9

마가는 '먼저'를 콕 집어 강조했습니다. 부활하신 예수님을 만난 것은 영광입니다. 그중에서도 가장 먼저 만나는 것은 영광 중의 영광입니다. 예수님은 그

막달라에 있는 막달라마리아기념교회당입니다.
강단이 배 모양으로 되어 있는 것도 이색적입니다.
강단 뒤는 갈릴리 호수입니다.

photo by Cho Hyunsam

영광을 막달라 마리아에게 주셨습니다. 이뿐 아닙니다. 막달라 마리아는 부활의 증인이 되었습니다. 막달라 마리아는 제자들에게 가서 "내가 주를 보았다"라며 "또 주께서 자기에게 이렇게 말씀하셨다"요 20:18라고 분명히 전했습니다.

막달라 마리아는 부활하신 예수님을 가장 먼저 만나는 영광을 얻었습니다. 막달라 마리아는 부활의 첫 증인이 되는 영광 또한 얻었습니다. 일곱 귀신이 들려 고통하며 신음하던 그녀를 예수님이 사역 초기에 만나 귀신을 쫓아내 주셨습니다. 그 후 그녀는 계속 예수님과 함께했습니다. 그녀는 전면에 나서지 않았을 뿐이지 예수님과 늘 함께했습니다. 예수님은 늘 자신 곁에서 자신과 함께한 막달라 마리아를 기억하셨습니다. 막달라 마리아는 예수님께 이렇게

막달라에 있는 막달라마리아기념교회당 지하에 있는 한 작은 방에 액자 하나가 놓여 있었는데, 간절하게 기도하는 여인이 화폭에 담겨 있었습니다.

photo by Cho Hyunsam

귀한 대접을 받은 여인입니다. 그런데 이 귀한 여인이 어느 순간 '창녀 마리아'로 잘못 알려지면서 '요염한 여인'이 되고 말았습니다.

오해

아무래도 이 이야기는 하고 지나가야 할 것 같습니다. 왜 이처럼 귀한 여인 막달라 마리아가 한순간 창녀로 둔갑했을까. 이것은 '마리아'라는 이름이 같다는 이유 하나로 동일한 사람으로 오해한 데서 시작되었습니다. 영향력이 없는 사람이 이런 오해를 했다면 잠깐 동요하다 말았을 텐데, 이 오해를 상당히 영향력이 있는 사람이 하면서 막달라 마리아는 1,400여 년 동안 창녀 마리아라는 오해를 받아야 했습니다.

성경에 예수님께 향유를 부은 여인 기사가 마태, 마가, 누가, 요한복음에 다 나옵니다. 이것은 예수님의 사역 초기와 말기에 각각 있었던 일을 사복음서가 기록한 것입니다. 한 번 있었던 일을 사복음서가 기록한 것이 아니라 두 번 있었던 일을 사복음서가 나눠 기록한 것입니다. 마태, 마가, 요한복음은 예수님의 사역 말기에 베다니에서 나사로의 누이 마리아가 예수님께 향유를 부은 것을 보도했습니다. 누가복음은 사역 초기 갈릴리 한 동네에서 있었던 죄인인 한 여인이 예수님께 향유를 부은 것을 보도했습니다.

이 두 사건을 하나로 합해 재구성을 한 사람들이 생겼습니다. 그 대표적인 사람이 교황 그레고리우스 1세(540~604)입니다. 이것을 하나의 사건으로 보면 나사로의 누이 마리아와 누가복음에 나오는 '그 동네에 죄를 지은 한 여자'는 동일 인물이 됩니다. 이러면 나사로의 누이 마리아가 죄인이 됩니다. 그레고리우스 1세는 여기 나오는 죄인을 창녀로 해석했습니다. 여기서 나사로의 누

막달라에 있는 막달라마리아기념교회당에 있는
작은 홀 중 하나입니다.

photo by Cho Hyunsam

이 마리아가 창녀라는 말이 나왔습니다.

그러나 성경 어디를 살펴도 나사로의 누이 마리아가 창녀라는 것은 찾을 수가 없습니다. 문제는 여기서 그치지 않았습니다. 나사로의 누이 마리아와 이름이 같다는 한 가지 이유로 그레고리우스 1세는 막달라 마리아를 호출했습니다. 나사로의 누이 마리아를 죄인, 그것도 창녀로 보면 자연스럽게 막달라 마리아도 창녀가 됩니다. 이러다 교황 그레고리우스 1세는 591년 '막달라 마리아는 창녀'라고 설교하는 지경에 이르게 되었습니다. 그 후 막달라 마리아의 초상화는 대부분 요염한 모습으로 묘사되었습니다. 화가에게 그림을 주문하는 클라이언트가 막달라 마리아를 창녀라고 전제하고 그려 달라고 하다 보니 그런 류의 그림이 쏟아져 나올 수밖에 없었습니다.

참고로, 누가복음에 나오는 죄인(άμαρτωλός, 하마르톨로스)과 창녀(πόρνη, 포르네)는 성경 원어에서 각기 다른 단어입니다. 창녀를 죄인이라고 할 수는 있지만, 죄인을 창녀라고 하려면 추가적인 증거들이 필요합니다. 그러나 누가복음에 나오는 죄인인 이 여인이 창녀라는 증거는 성경에서 찾을 수 없습니다. 다행히도 1969년 가톨릭교회가 그레고리우스 1세의 설교에 실수가 있었음을 인정하고 이를 공식적으로 철회했습니다.

막달라 마리아는 무려 1,400여 년 동안 창녀라는 오해를 받았습니다. 성경 어디에도 막달라 마리아가 창녀라는 말도 없고 그렇게 생각할 근거도 없는데 그녀는 오랫동안 이런 오해를 받았습니다. 영향력 있는 한 사람의 실수가 얼마나 엄청난 결과를 초래할 수 있는지를 보여 준 사건입니다. 막달라 발굴은 아주 최근에 진행된 일입니다. 막달라 발굴이 오랫동안 관심권 밖이었던 이유도 막달라가 받은 오해와 무관하다고 하기 어렵습니다. 그녀를 창녀라고 하면서 그녀가 살던 고향 막달라를 복원하자고 하기는 쉽지 않았을 것입니다.

풀어지다

때가 되면 오해는 풀립니다. 이렇게 오해가 풀리기까지 1,400여 년이 걸리기도 하지만 결국은 풀립니다. 우리가 이 땅에 있을 때 풀리지 않으면, 우리가 하늘에 있을 때라도 풀립니다. 급하게 지금 여기서 당장 오해가 풀어지지 않는다고 조급해하지 말고 하나님이 풀어 주실 때를 기다릴 여유도 필요합니다.

지금은 그녀가 창녀라는 오해는 풀렸지만, 그럼에도 여전히 막달라 마리아가 예수님께 향유를 부었다고 회자되고 있습니다. 성경을 꼼꼼하게 읽으며 찾아봐도 누가복음에 나오는 예수님께 향유를 부은 죄인인 한 여인을 막달라 마리아라고 할 증거는 찾지 못했습니다. 막달라 마리아의 고향 막달라에 '막달라마리아기념교회당'이 있습니다. 최근 10여 년에 걸쳐 막달라를 복원하고 그 위에 세운 교회당입니다. 이곳을 방문했을 때, 그곳에서 『막달라 마리아』라는 제목의 책을 팔고 있었습니다. 이 책도 막달라 마리아를 예수님께 향유 부은 여인이라고 하지 않았습니다.

수정

성도들이 막달라 마리아를 향유 부은 여인이라고 생각한 데는 찬송가 211장도 한몫한 것 같습니다. 찬송가 211장 1절 가사는 "값비싼 향유를 주께 드린 막달라 마리아 본받아서 향기론 산 제물 주님께 바치리 사랑의 주 내 주님께"입니다. 이 찬송 가사가 자연스럽게 막달라 마리아를 향유 부은 여인으로 각인시키는 것 같습니다.

한편 이 찬송가 한글 가사는 맞습니다. 막달라 마리아는 예수님을 위해 향유를 준비했습니다. 그가 향유를 준비한 것은 성경에 분명히 기록되어 있습니다. 다만 그 시점은 예수께서 십자가에 달려 죽으시고 장사 지낸 후입니다. 예수님을 무덤에 장사하고 내려온 막달라 마리아와 다른 여인들은 예수님을 위해 향유를 사서 준비했습니다. 마가는 막달라 마리아를 비롯한 여인들이 "예수께 바르기 위하여 향품을 사다 두었다"막 16:1 라고 기록했습니다. 누가는 이 여인들이 준비한 것이 향품과 향유(μύρον, 뮈론)라고 구체적으로 적었습니다. 막달라 마리아가 준비한 향유는 나사로의 누이 마리아가 예수님께 부은 향유 μύρον와 같습니다.

막달라 마리아가 값비싼 향유를 주를 위해 준비했습니다. 마치 다윗이 성전을 짓기 위해 준비는 했지만 짓지 못한 것처럼, 막달라 마리아도 주님의 부활로 그 향유를 사용하진 못했지만 주님은 받으셨습니다.

이런 의미에서 한글 찬송가 "값비싼 향유를 주께 드린 막달라 마리아"는 맞습니다. 앞으로 마음 편하게 이 찬송을 계속 불러도 됩니다. 다만, 한국찬송가공회에서 찬송가마다 제목 아래 작은 글씨로 적어 주는 관련 성경 구절을 바꿔야 할 필요가 있습니다. 211장 참고 성경 구절이 한 죄인인 여자가 예수님께 향유를 부은 누가복음 7장 46절로 되어 있는데, 이것을 예수님의 장례를 위해 막달라 마리아와 여인들이 향유를 준비한 누가복음 23장 55절과 56절로 바꿔야 합니다.

어쩌면 조금 늦었지만, 사람들이 막달라 마리아를 제대로 알아주는 것 같아 좋습니다. 이제는 마음 놓고 여성도들이 "나도 막달라 마리아처럼 살고 싶어요"라고 말해도 됩니다. 그러나 여전히 목회자들은 아름답게 주님을 섬기는 여성도를 향해 "이분은 막달라 마리아 같은 분입니다"라고 칭찬하는 것을 주저합니다. 혹여 이 성도가 막달라 마리아를 창녀로 알고 있으면 어쩌나 싶은 생각이 들어서입니다. 저를 포함한 목회자들이 여성도들을 마음 놓고 막달라 마리아처럼 귀한 성도라고 칭찬하고 축복할 수 있는 날이 어서 오면 좋겠습니다. 그때가 오기 전이라도, 이 책을 읽은 여성도들은 저를 포함한 목회자들이 막달라 마리아 같다고 하면 큰 칭찬으로 받고 기뻐해 주기 바랍니다.

스며들다

막달라 마리아는 수년간 순회 전도 때 자기 소유로 예수님과 그를 따르는 제자들과 무리의 쓸 것을 몇몇 여인들과 함께 섬겼습니다. 예수님의 임종을 지킨 여인입니다. 예수님을 장사 지낸 후에 향품과 향유를 준비해 무덤으로 찾아간 여인입니다. 부활하신 주님을 처음으로 만난 여인입니다. 예수 부활의 첫 증인입니다.

이런 사도급 여제자 막달라 마리아는 예루살렘교회가 세워지고 왕성하게 부흥할 때 자기 지분을 요구할 수도 있었지만, 그녀는 그렇게 하지 않았습니다. 부활의 증인으로 나타난 후에 막달라 마리아의 이름은 성경에서 사라집니다.

그녀의 이름은 여자들과 여러 사람 속으로 들어가 묻힙니다. 예수님이 승천하신 후에 제자들을 포함해 약 120명의 무리가 마가 요한의 다락방에서 기도했습니다. 사도행전은 제자들의 이름을 구체적으로 거명한 후에 "여자들과 예수의 어머니 마리아와 예수의 아우들과 더불어 마음을 같이하여 오로지 기도에 힘쓰더라"행 1:14라고 기록했습니다. 여기 나오는 '여자들' 속에 막달라 마리아가 있었을 것입니다.

야고보 순교 후에 투옥되었던 베드로를 하나님이 감옥에서 건져 내신 적이 있습니다. 감옥에서 나온 베드로가 마가라 하는 요한의 어머니 마리아의 집에 사진 왼쪽이 막달라입니다.

photo by Cho Hyunsam

가니 '여러 사람'이 거기에 모여 기도하고 있었습니다 행 12:12. 이 여러 사람 속에도 막달라 마리아가 있었을 것입니다. 막달라 마리아는 이렇게 여자들 속에, 여러 사람 속에 그 이름을 묻고 기도하며 봉사하며 전도했습니다.

초대교회부터 지금까지 교회가 세워지는 곳에는 늘 막달라 마리아가 있었습니다. 한국교회 안에도, 우리 교회 안에도, 교회에는 막달라 마리아가 있습니다. 오늘 우리는 교회 안에 있는 수많은 막달라 마리아를 통해 예수님과 함께했던 막달라 마리아를 봅니다. 하나님이 보시기에도, 또한 우리가 보기에도 막달라 마리아는 그때나 지금이나 아름답고 편한 여인입니다. 막달라 마리아를 사랑합니다.

그립다

막달라, 바로 이 아름답고 닮고 싶은 여인 마리아의 고향입니다. 그 고향을 가고 싶었습니다. 가룟인 유다의 고향인 가룟은 난 모릅니다. 어디쯤이 가룟이라고 들은 적이 있지만, 그곳에 관심을 가진 적도 가 보고 싶은 마음이 든 적도 없습니다. 그런데 막달라는 가 보고 싶었습니다. 우리가 떠난 후에 우리가 살던 곳을 사람들이 와 보고 싶도록 살다 죽는 것도 또 하나의 죽음 준비 중 하나입니다.

막달라는 갈릴리 호숫가에 있는 마을입니다. 가버나움과 디베랴 사이에 있습니다. 지난 수년간 막달라는 복원 작업이 계속되었습니다. 성경지리연수 때마다 가 보고 싶었지만, 여전히 복원 중이라 마무리되기를 기다렸습니다. 2019년 성경지리연수 때 마리아를 만나러 막달라를 방문했습니다.

막달라는 그곳에 있던 회당 터 등을 복원하고 '손님'을 받고 있었습니다. 이스라엘 국립 공원이 아니기 때문에 입장료를 별도로 내야 했지만, 기꺼이 기쁜 마음으로 냈습니다. 사람들이 그다지 많지 않았습니다. 비가 내리고 있었던 것도 이유일 수 있고, 아직 알려지지 않아서 그럴 수도 있습니다. 그래도 우리 일행이 그곳에 머무는 동안 몇 팀이 찾아왔습니다. 반가웠습니다. 아마 저처럼 막달라 마리아를 사랑하는 사람들 같았습니다.

여상한교회

막달라를 다녀온 지도 벌써 3년이 지났습니다. 이번에 이 책을 쓰면서 '여상한교회'가 마음으로 들어왔습니다. 여상은 같을 여(如)에 항상 상(常)을 씁니다.

예수님이 살았을 때나 죽은 후나 예수님을 향한 막달라 마리아의 마음과 태도는 다르지 않습니다. 누군가에게 힘이 있을 때 사람들이 그를 대하는 태도와 힘이 빠진 후 그를 대하는 태도가 다릅니다. 그래서 사람들은 그가 있는 자리에서 내려오고, 그에게서 힘이 빠져 봐야 사람들이 그를 대하는 진면목을 알 수 있다고 하는 것 같습니다. 상대가 힘이 있을 때와 힘이 없을 때 대하는 것이 다르기 쉬운 게 사람인데, 막달라 마리아는 예수님이 살았을 때나 죽었을 때나 변함이 없었습니다. 여상했습니다.

처음도 중간도 마지막도 여상한 여인 막달라 마리아처럼 여상한교회를 마음에 담습니다. 여상한 사람, 여상한 인생, 여상한 믿음도 같이 담습니다.

chapter 3

개척교회

딤낫 세라
두려워하지 않고
험지를 선택하는 교회

개척교회

딤낫 세라, 낯선 이름입니다. 성경 지도를 그린 내게도 딤낫 세라는 낯선 곳입니다. 그리스도인 백 명에게 딤낫 세라를 아는지 물으면, 아마 소수만 대답을 할 것 같습니다. 어떤 그룹은 백 명 중에 한 명도 딤낫 세라를 아는 사람이 없을 수도 있습니다.

딤낫 세라의 지명은 잘 알려지지 않았지만, 그곳에 장사 된 사람은 누구나 다 압니다. 그는 여호수아입니다. 여호수아를 만나러 2019년 딤낫 세라를 다녀왔습니다. 이제 성경으로 들어갑니다.

딤낫 세라는 성경에 두 번 나옵니다. 한 번은 여호수아에게 땅을 분배할 때 나오고, 다른 한 번은 여호수아 장례 때 나옵니다. 사사기 2장 9절에는 딤낫 헤레스라고 나오는데, 이것까지 포함하면 세 번 나옵니다. 재미있는 것은 히브리어 '세라'를 거꾸로 읽으면 '헤레스'입니다.

잘 아는 것처럼, 가나안 땅 입성을 인도한 지도자는 여호수아입니다. 여호수아는 가나안 땅을 점령하는 동안 참 많은 수고를 아끼지 않았습니다. 그는 하나님이 맡겨 주신 소임을 따라 땅을 정복하고 분배하는 일을 성실히 수행했습니다. 그것도 원망과 시비가 없이 매끄럽게 마무리했습니다.

가나안 땅을 점령한 여호수아는 이스라엘 백성들에게 3단계에 걸쳐 땅을 분배했습니다. 성경의 땅에서 성경 지리를 영상으로 제작해 유튜브에 올리고 있는 유병성 목사님이 있습니다. 한국교회를 위해 하나님이 준비하신 성경 지리 전문가입니다. 유 목사님은 성경 지리와 관련해 다양한 콘텐츠를 제작해 한국교회와 세계에 흩어진 이민교회 목회자와 성도들을 섬기고 있습니다. 유 목사님이 제작한 12지파 땅 분배 과정을 담은 영상이 있습니다. 아주 명쾌하게 땅 분배를 정리해 준 영상입니다. 유 목사님은 12지파 땅 분배가 3단계로 이루어졌음을 먼저 설명하고 구체적인 땅 분배 내용을 설명했습니다. 1단계는 모압 평지에서, 2단계는 길갈에서, 3단계는 실로에서 땅 분배가 이루어졌습니다.

배려

이스라엘 자손이 실로에서 땅 나누기를 마치고 한 일이 있습니다. 그 일에 수고한 여호수아에게 기업을 주는 일입니다. 이스라엘 각 지파에게 땅을 나눠 주는 일은 여호수아가 했습니다. 여분네의 아들 갈렙에게 헤브론을 기업으로 주는 일도 여호수아가 했습니다. 이제 여호수아를 위해 이스라엘 자손이 나설 때가 되었습니다.

지도에서 보는 것처럼 딤낫 세라는 에브라임 지파 땅에 있습니다. 아브라함과 이삭과 야곱과 요셉 등 족장들이 주로 오고갔다 해서 족장길이라고 불리는 길이 있습니다. 딤낫 세라는 벧엘에서 세겜을 향해 족장길을 따라 북쪽으로 올라가다 왼쪽으로 가면 그곳에 있습니다.

딤낫 세라 전경 사진입니다. 팔레스타인 자치 구역 안에 있습니다. 사진 앞 철조망이 있는 이유입니다.
딤낫 세라는 정착촌 안에 대학이 있는 상당히 규모가 큰 아리엘(Ariel) 유대인 정착촌을 지나야 갈 수 있습니다. 딤낫 세라는 팔레스타인 자치 지구입니다. 마을 입구로 들어가는 곳에 차단기가 설치되어 있습니다. 우리는 마침 차단기가 열려 있어 들어갈 수 있었습니다. 우리가 나오면서 이스라엘 군인이 마을로 들어가는 차단기를 내렸습니다. "이런 상황이면 이스라엘 군인에게 열어 달라고 부탁하면 차단기를 열어 주나요?" 궁금해서 그해 성경지리 연수 강사인 홍진우 목사님에게 물었습니다. 홍 목사님은 고민도 망설임도 없이 단호하게 아니라며 차단기가 내

photo by Sung Backchel

려와 있으면 못 들어간다고 했습니다. 여호수아가 분배받은 그 땅을 다녀온 것도 하나님의 은혜고 하나님의 열어주심입니다. 성경지리연수도 하나님이 열어주셔야 가능합니다.
팔레스타인 자치 지구가 대부분 그렇듯이 딤낫 세라도 그 옛날 마을을 간직하고 있습니다. 다른 말로 개발이 되지 않은 채로 있다는 의미입니다. 렌터카를 타고 우리 일행은 딤낫 세라 마을로 들어갔습니다. 여호수아가 분배받아 건설한 성읍 딤낫 세라에 여호수아는 장사되었습니다. 우리는 여호수아의 무덤 근처에 주차했습니다. 그 앞에 아담한 광장이 있습니다. 그 주변에 상점과 집들도 있었습니다. 그것을 먼저 카메라에 담았습니다.

성경은 여호수아에게 땅을 나눠 주는 일의 주체를 다음 말씀에서 보는 것처럼 이스라엘 자손이라고 우리에게 알려 줍니다.

> 이스라엘 자손이 그들의 경계를 따라서 기업의 땅 나누기를 마치고 자기들 중에서 눈의 아들 여호수아에게 기업을 주었으니 곧 여호와의 명령대로 여호수아가 요구한 성읍 에브라임 산지 딤낫 세라를 주매 여호수아가 그 성읍을 건설하고 거기 거주하였더라 수 19:49-50

이스라엘 자손은 여호수아가 셀프로 자기 땅을 차지하지 않도록 배려했습니다. 그렇지 않았다면 모양이 지금처럼 아름답지는 못했을 것 같습니다. 여호수아에게 땅을 나눌 때 이스라엘 자손이 다 나섰습니다.

이스라엘 자손이 나서서 여호수아를 위해 땅을 챙겨 주었습니다. 여호수아는 이스라엘 자손에게 땅을 주고 이스라엘 자손은 여호수아에게 땅을 주었습니다. 서로 챙겨 주는 모습이 아름답습니다. 받는 것만 평생 하는 사람이 없는 것처럼 주는 것만 평생 하는 사람도 없습니다. 어느 때는 주는 역할을 하지만, 또 어느 때는 받는 역할을 하는 것이 우리네 인생입니다. 알아주는 것만으로 위로가 되는데 이렇게 챙겨 주니 여호수아도 많은 위로를 받았을 것 같습니다.

명령을 따라

성경은 여호수아에게 땅을 분배한 것을 기록하며 두 가지를 강조했는데, 그 중 하나가 '이것이 여호와의 명령대로 한 일'이라는 것입니다. 이스라엘 자손이 여호수아에게 여호와의 명령대로 땅을 분배했다고 해서, 여호와께서 여호수아에게 땅 주라고 명령한 내용을 찾으려고 애를 좀 썼습니다. 어딘가 있을 것 같은데 찾지를 못했습니다. 다만 여호와께서 여호수아에게 땅을 주라고 명령하셨다는 갈렙의 증언은 찾았습니다.

갈렙은 여호수아에게 땅 분배를 요구하며 "여호와께서 가데스 바네아에서 나와 당신에게 대하여 하나님의 사람 모세에게 이르신 일을 당신이 아시는 바라"수 14:6며 "이 산지를 지금 내게 주소서"수 14:12라고 요구했습니다. 갈렙은 가데스 바네아에서 하나님이 모세를 통해 자신과 여호수아에 대해 말씀하신 것을 기억하고 있었습니다. 오랜 세월이 지났지만, 그는 하나님의 약속을 선명히 기억하고 있었습니다.

믿음

가데스 바네아에서 있었던 일은 우리가 잘 아는 일입니다. 애굽에서 나온 이스라엘 백성들이 광야를 지나고 있을 때 일입니다. 하나님이 각 지파에서 한 명씩 모두 열두 명의 정탐꾼으로 가나안 땅을 정탐하도록 했습니다. 하나님은 모세에게 정탐꾼으로 "그들의 조상의 가문 각 지파 중에서 지휘관 된 자 한 사람씩 보내라"민 13:2라고 했습니다. 모세는 여호와의 명령을 따라 바란 광야에서 이스라엘 자손의 각 지파의 수령 열두 명을 정탐꾼으로 보냈습니다.

이들이 40일간의 정탐을 마치고 돌아와 이스라엘 백성들 앞에서 정탐 결과를 보고했습니다. 의견은 둘로 나뉘었습니다. 정탐을 갔던 열 명의 각 지파 수령들은 갈 수 없다고 했습니다. 그들은 그 땅이 좋기는 하나 우리는 갈 수 없다고 보고했습니다.

딤낫 세라 어린이는 카메라 렌즈가 자신을 향하자 쑥스러운지 고개를 돌렸습니다.
아이는 이내 고개를 다시 돌렸습니다. 이 아이에겐 우리가 구경거리입니다.
이곳은 이스라엘 사람의 출입이 금지된 팔레스타인 자치 지구 중에 A 지역으로 분류되어 있습니다.
사람들의 접근이 어렵다는 말입니다. 사람이 구경거리인 이유입니다.

photo by Cho Hyunsam

쑥스러운지 아이가 대문을 닫고 들어갔습니다. 겁이 났을까.
카메라를 든 채 한참을 기다렸습니다.
아이가 다시 대문을 열고 빼꼼히 내다볼 것만 같았습니다.
그러나 아이는 다시 나오지 않았습니다.

유다 지파의 수령인 갈렙은 "우리가 곧 올라가서 그 땅을 취하자 능히 이기리라"라고 반박했지만 열 지파 수령들이 한목소리로 "우리는 능히 올라가서 그 백성을 치지 못하리라 그들은 우리보다 강하니라"민 13:30-31 하는 말에 묻히고 말았습니다. 보고를 들은 백성들은 밤새 통곡하며 원망했고 마침내 그들은 "우리가 한 지휘관을 세우고 애굽으로 돌아가자"민 14:4고 했습니다. 모세와 아론이 이스라엘 자손의 온 회중 앞에서 엎드렸습니다.

그때 에브라임 지파 수령으로 정탐에 참여했던 여호수아와 유다 지파 수령으로 정탐에 참여했던 갈렙이 자기들의 옷을 찢으며 이스라엘 자손의 온 회중에게 호소합니다.

> 우리가 두루 다니며 정탐한 땅은 심히 아름다운 땅이라 여호와께서 우리를 기뻐하시면 우리를 그 땅으로 인도하여 들이시고 그 땅을 우리에게 주시리라 이는 과연 젖과 꿀이 흐르는 땅이니라 다만 여호와를 거역하지는 말라 또 그 땅 백성을 두려워하지 말라 그들은 우리의 먹이라 그들의 보호자는 그들에게서 떠났고 여호와는 우리와 함께하시느니라 그들을 두려워하지 말라민 14:7-9

하나님은 이때 여호수아와 갈렙이 보여 준 믿음을 귀히 여기셨습니다. 이 뒤에 일어난 일은 아마 다 잘 알 것입니다. 그때를 기준으로 20세 이상 된 자 중에 여호수아와 갈렙 외로 가나안 땅에 들어간 사람은 없습니다. 그들은 광야에서 다 죽었습니다.

여리고에서 벧엘과 아이로 올라가는 449번 도로입니다.
photo by Cho Hyunsam

명령대로

갈렙은 그의 나이 85세가 되었을 때 여호수아 앞에서 전에 여호와께서 하나님의 사람 모세에게 한 말을 꺼냈습니다.

그날에 모세가 맹세하여 이르되 네가 내 하나님 여호와께 충성하였은즉 네 발로 밟는 땅은 영원히 너와 네 자손의 기업이 되리라 하였나이다 수 14:9

갈렙은 여호수아와 자신에 대해 여호와께서 모세를 통해 하신 "네 발로 밟는 땅은 영원히 너와 네 자손의 기업이 되리라"라는 말씀을 선명히 기억하고 있었습니다. 약속은 붙잡는 자의 것입니다. 민수기에는 "그러나 내 종 갈렙은 그 마음이 그들과 달라서 나를 온전히 따랐은즉 그가 갔던 땅으로 내가 그를 인도하여 들이리니 그의 자손이 그 땅을 차지하리라" 민 14:24 라고 하나님의 약속이 기록되어 있습니다.

하나님의 명령대로 이스라엘 자손은 여호수아에게 땅을 기업으로 주었습니다. 성경에 나오는 하나님의 사람들을 보면 공통점이 있습니다. 하나님의 말씀대로 하는 것입니다. 그들은 자신의 생각이나 의지보다 하나님의 말씀을 항상 위에 두었습니다. 자신의 감정이나 기분보다 하나님의 명령을 앞에 두었습니다. 무엇을 하든 하나님의 말씀대로 하는 하나님의 사람들을 딤낫 세라에서 만났습니다.

도전

성경은 여호수아에게 땅을 분배한 것을 기록하며 두 가지를 강조했는데 그

중 남은 하나는 '여호수아가 요구한 성읍'이라는 것입니다. 이 말씀을 서울에서 읽을 때 든 생각은 '뭘 요구할 때까지 기다려, 이스라엘 자손이 알아서 좀 주지'였습니다. '요구'라는 단어의 뉘앙스가 있습니다. '뭘 구차하게 요구를 해' 속에 요구의 뉘앙스가 잘 들어 있는 것 같습니다. 그런데 딤낫 세라를 다녀와 바이블랜드에서 그 말씀을 다시 읽으며 생각이 바뀌었습니다.

여호수아가 요구한 딤낫 세라는 어떤 땅일까요. 아브라함이 조카 롯에게 네가 좌하면 나는 우하고 네가 우하면 나는 좌하리라고 했을 때 롯이 했던 것처럼 여호수아는 좋은 성읍 딤낫 세라를 선택한 것일까요. 여호수아가 딤낫 세라를 요구하는 본문을 찾아 여호수아가 어떤 마음으로 딤낫 세라를 요구했는지 좀 더 살펴보고 싶었지만, 그 내용은 성경에 없었습니다. 다만 그 땅이 어떤 땅인지를 엿볼 수 있는 대목은 성경에 있었습니다. 땅 분배 과정에 요셉 자손이 여호수아에게 이의를 제기하며 추가 땅 분배를 요구했습니다.

요셉 자손이 여호수아에게 "여호와께서 지금까지 내게 복을 주시므로 내가 큰 민족이 되었거늘 당신이 나의 기업을 위하여 한 제비, 한 분깃으로만 내게 주심은 어찌함이니이까"수 17:14라고 말하며 자신들에게 분배된 땅이 적다고 이의를 제기했습니다. 이에 여호수아는 그들에게 "네가 큰 민족이 되므로 에브라임 산지가 네게 너무 좁을진대 브리스 족속과 르바임 족속의 땅 삼림에 올라가서 스스로 개척하라"수 17:15라고 했습니다.

"스스로 개척하라." 지금 들어도 쉽지 않은 말입니다. "이제 나가 개척하라." 선뜻 따르기 어려운 말입니다. 요셉 자손은 여호수아에게 "그 산지는 우리에게 넉넉하지도 못하고 골짜기 땅에 거주하는 모든 가나안 족속에게는 벧스안과 그 마을들에 거주하는 자이든지 이스르엘 골짜기에 거주하는 자이든지 다 철 병거가 있나이다"수 17:16라고 현실을 이야기했습니다. 전력을 비교할 수 없다는 말입니다.

여호수아가 다시 요셉의 족속 곧 에브라임과 므낫세에게 "너는 큰 민족이요 큰 권능이 있은즉 한 분깃만 가질 것이 아니라 그 산지도 네 것이 되리니 비록 삼림이라도 네가 개척하라 그 끝까지 네 것이 되리라 가나안 족속이 비록 철 병거를 가졌고 강할지라도 네가 능히 그를 쫓아내리라"수 17:17-18라고 거듭 말했습니다.

이것을 읽는데 마치 수십 년 전 가나안 땅 정탐을 다녀와 이스라엘 백성들 앞에서 한 말과 같이 들렸습니다. 나이는 들었어도 믿음은 젊었습니다. 세월은 흘러도 여호수아의 믿음은 변함이 없고 그의 용기 또한 여전합니다. 자신의 지파이기에 어쩌면 여호수아는 이들에게 더욱 엄격했는지 모릅니다. 다른 사람이었다면 해 줄 수 있는 일도 자기 지파 사람이라 해 주지 못한 경우도 여호수아에게 있었을 것입니다. 여호수아가 이렇게 원망과 시비가 없이 일을 처리했기에 땅 분배라고 하는 첨예한 사안도 잘 마무리했습니다.

여호수아가 자기 지파 사람들에게 한 말 중에 "그 산지도 네 것이 되리니 비록 삼림이라도 네가 개척하라"와 "그 끝까지 네 것이 되리라"를 생각하면, 그가 요구한 딤낫 세라가 어떤 성읍일지 감이 옵니다. 여호수아의 선택은 롯과 같지 않았습니다. 그는 험지를 요구했습니다. 산지를 선택해 삼림을 개척하는 결정을 했습니다. 딤낫 세라를 가서 보고 든 생각입니다.

개척

딤낫 세라를 같이 다녀온 성백철 목사님이 컴퓨터 앞에서 "여호수아와 갈렙이 요구한 땅은 산지라는 공통점이 있습니다"라고 했습니다. 순간 섬광처럼

임한 은혜가 있습니다. '아, 그렇구나!'

여호수아와 갈렙이 요구한 성읍은 모두 산지입니다. 점령이 어려운 땅입니다. 갈렙이 먼저 여호수아에게 "이 산지를 지금 내게 주소서"라고 했습니다. 갈렙이 요구한 기럇 아르바에는 아르바 사람이 살고 있습니다. 성경은 "아르바는 아낙 자손 가운데 가장 큰 사람이었다"수 14:15 라고 소개하고 있습니다. 헤브론의 이전 이름인 기럇 아르바는 크고 견고한 성읍입니다. 그럼에도 갈렙은 모세에게 "당신도 그날에 들으셨거니와 그곳에는 아낙 사람이 있고 그 성읍들은 크고 견고할지라도 여호와께서 나와 함께하시면 내가 여호와께서 말씀하신 대로 그들을 쫓아내리이다"수 14:12라고 담대히 말하며 험지를 요구했습니다.

세월이 지나 땅 분배를 다 마친 후에 이스라엘 자손이 여호수아에게 땅을 주겠다고 하자 여호수아는 딤낫 세라를 요구했습니다. 여호수아가 요구한 딤낫 세라도 산지입니다. 딤낫 세라 위치는 에브라임 산지 가아스산 북쪽입니다. 여호수아는 자신이 속한 요셉 지파가 와서 땅을 추가로 요구할 때, "그 산지도 네 것이 되리니 비록 삼림이라도 네가 개척하라"라고 했습니다. 이렇게 말한 여호수아 자신도 그 산지 중 하나를 요구한 것입니다. 그곳이 딤낫 세라입니다.

딤낫 세라는 여호수아가 요구한 성읍입니다. 아마 이스라엘 백성들이 여호수아에게 우리에게 분배된 어느 땅이든지 당신이 원하면 드리겠나이다 하지 않았을까 싶습니다. "자기들 중에서 눈의 아들 여호수아에게 기업을 주었으니"수 19:49라는 말씀을 읽으며 든 생각입니다. 이때 여호수아가 이스라엘 자손들의 호의는 인사로 받고 딤낫 세라를 요구한 것 같습니다.

이제는 은퇴하고 편안하게 지낼 만도 한데, 여호수아는 산지를 요구해 삼림을 개척하는 길을 택했습니다. 여호수아와 함께했던 갈렙이 걸었던 길을 여호수아도 걸었습니다. "이 산지를 내게 주소서." 갈렙이 여호수아에게 이렇게 말할 때 그의 나이가 85세였습니다. 여호수아의 나이는 성경에서 찾기가 쉽지 않습니다. 성경에서 그가 110세에 죽었다는 것은 찾았지만 그가 애굽에서 나올 때 몇 살이었는지, 가나안 땅에 입성할 때 몇 살이었는지 찾지 못했습니다. 여호수아가 요셉 지파에게 "비록 삼림이라도 네가 개척하라"고 한 때 그의 나이도 갈렙과 비슷하지 않을까 싶습니다. 그때 그의 나이는 적지 않았습니다.

잘 죽음

여호수아는 110세를 일기로 세상을 떠났습니다. 성경은 "이 일 후에 여호와의 종 눈의 아들 여호수아가 백십 세에 죽으매 그들이 그를 그의 기업의 경내 딤낫 세라에 장사하였으니 딤낫 세라는 에브라임 산지 가아스 산 북쪽이었더라"수 24:29-31라고 그의 죽음을 알립니다. 여호수아는 '이 일 후'에 죽었습니다.

이 일이 무엇인지를 찾아 그 앞으로 가서 봤습니다. 여호수아가 이스라엘 백성을 세겜에 불러 모으고 지난날 하나님이 이스라엘 가운데 하신 일을 열거하며 하나님을 경외하며 온전함과 진실함으로 그를 섬기라고 했습니다. "너희가 섬길 자를 오늘 택하라 나와 내 집은 여호와만 섬기겠노라"수 24:15라는 유명한 말씀도 그때 여호수아가 이스라엘 모든 지파에게 한 말입니다.

이렇게 한 후에 여호수아는 죽었습니다. 여호수아는 마지막까지 온전한 정신으로 순전하게 주어진 직무를 성실히 담당했습니다. 딤낫 세라를 기업으로 받았지만, 그 일 후에도 여호수아는 지도자로 이스라엘의 모든 지파를 다스리는 일에 여념이 없었습니다. 딤낫 세라에서 그가 어떤 일을 했는지는 성경에 기록되어 있지 않습니다. 자신에게 주어진 기업이라 할지라도 그것을 돌보고

photo by Cho Hyunsam

담낫 세라에 있는 여호수아 무덤 입구입니다.
무덤의 규모는 여호수아라는 이름과는 어울리지 않았습니다. 초라했습니다.
사진 왼쪽이 무덤 안으로 들어가는 문입니다.

photo by Cho Hyunsam

여호수아 무덤 안에서 밖을 촬영한 사진입니다.

가꾸는 일보다 이스라엘 모두의 지도자로 그는 살았습니다. 그래서인지 딤낫 세라에는 여호수아의 무덤 외에 아무것도 없었습니다. 오직 하나, 무덤 하나만을 남기고 그는 떠났습니다. 그가 한 일, 그가 남긴 위대한 일은 딤낫 세라가 아니라 성경에 낱낱이 기록되어 있었습니다.

지도자

여호수아와 갈렙은 믿음의 사람입니다. 이 두 사람은 어른입니다. 이 두 사람은 지도자입니다. 지도자들이 힘들고 어려운 땅을 지목해 "이 산지를 지금 내게 주소서"라고 요구했습니다. 힘들고 어려운 일을 스스로 선택하고 그 일을 온몸으로 감당하는 여호수아와 갈렙을 통해 받은 은혜가 큽니다. 지도자는 어떤 사람이어야 할까. 지도자는 어떻게 해야 할까. 지도자는 무엇을 선택해야 할까. 많이 배웠습니다. 이것은 누가 보아도 지도자인 사람뿐 아니라 세상의 지도자인 우리 그리스도인 모두가 함께 생각해야 할 대목입니다.

여호수아는 딤낫 세라를 요구했습니다. 자기 입으로 자기 몫을 요구하는 것은 참 어려운 일입니다. 지도자면 더욱 어렵습니다. 만약 이 땅이 평지고, 점령하기 쉬운 땅이었더라면 이렇게 당당하게 요구하지는 못했을 수 있습니다. 만약 이 땅을 자신이 요구하지 않고 이스라엘 자손에 의해 강요받았다면 힘들지 모를 산지를 그는 스스로 요구했습니다.

좋은 곳을, 점령이 쉬운 곳을 요구한 것이 아니라 다른 사람이 그렇게 하라고 말하기 어려운 그 힘든 산지를 요구했습니다. 일반적으로 이런 상황에 직면하면, 말하지 않고 알아서 해 주기를 기다리는 것이 미덕 같아 보입니다. 그러면 이스라엘 자손이 좋은 곳, 정복하기 쉬운 곳을 분배해 줬을지 모릅니다.

그러나 여호수아도 갈렙도 스스로 산지를 요구했습니다.

여호수아는 참 잘 살았습니다. 잘 죽었습니다. 딤낫 세라가 여호수아의 노년과 관련되어 있다 보니 주로 그의 노년을 살펴보았습니다. 문득, '그의 젊은 날은 어땠을까' 궁금해졌습니다. 덮었던 성경을 다시 열고 청년 여호수아를 만나러 성경으로 들어갔습니다.

청년 여호수아

성경에서 여호수아가 처음 등장하는 것은 출애굽하고 얼마 지나지 않아서입니다. 아말렉이 이스라엘과 르비딤에서 전쟁을 할 때입니다. 모세는 준비되지 않은 상황에서 아말렉과 전쟁을 해야 했습니다. 출애굽한 이스라엘 백성들이 한 첫 전쟁입니다. 우리가 알듯이 이스라엘 백성들은 군인들이 아닙니다. 대부분 애굽에서 노예로 살던 사람들입니다. 전쟁을 직접 해 본 경험이 있는 사람이 있기는 한가 싶은 상황입니다.

이때 모세가 여호수아에게 "우리를 위하여 사람들을 택하여 나가서 아말렉과 싸우라"라고 명령을 합니다. 이것이 여호수아의 첫 등장입니다. 모세는 여호수아에게 "내일 내가 하나님의 지팡이를 손에 잡고 산꼭대기에 서리라"출 17:9 라고 했습니다. 여호수아가 모세의 말대로 행하여 아말렉과 싸웠습니다. 여호수아라고 전쟁에 능한 사람은 아닐 것입니다. 누구나 해 보지 않은 일은 두렵습니다. 그럼에도 여호수아는 모세가 시키는 대로 했습니다.

모세는 여호수아에게 말한 대로 아론과 훌과 함께 산꼭대기에 올라가서 손을 들었습니다. 모세가 손을 들면 이스라엘이 이기고 모세가 손을 내리면 아말렉이 이기는 기이한 일이 일어났습니다. 손을 들고 기도해 본 경험이 있는

photo by Cho Hyunsam

성도들은 손들고 있는 것이 얼마나 힘든 일인지 알 것입니다. 모세도 우리와 같은 사람이라 팔이 아팠습니다.

아론과 훌이 아이디어를 냈습니다. 모세를 위해 돌의자를 만들고 모세를 그곳에 앉게 하고 아론과 훌이 한 사람은 이쪽에서 한 사람은 저쪽에서 모세의 손을 붙들어 올렸습니다. 모세의 손이 해가 지도록 내려오지 않았습니다. 여호수아가 칼날로 아말렉과 그 백성을 쳐서 무찔렀습니다.

이렇게 성경에 등장한 여호수아는 계속 모세 곁에서 모세와 함께했습니다. 모세가 시내산에 올라갈 때도 여호수아는 그와 함께 갔습니다. 성경은 모세와 함께하는 여호수아를 눈의 아들 젊은 수종자 여호수아라고 표현했

여호수아의 무덤에 들렀다 차를 돌려 나오다 잠시 차를 세우고 촬영한 딤낫 세라 동네 사진입니다.

photo by Cho Hyunsam

습니다. 그러다 우리가 앞에서 살펴본 대로 가나안 땅을 정탐할 때 에브라임 지파 수령으로 참여했습니다.

여호수아는 그 후에도 늘 모세 곁에서 모세와 함

께했습니다. 이스라엘 백성들이 광야 생활을 마치고 이제 가나안 땅으로 들어가게 될 때, 하나님은 모세를 통해 모세의 뒤를 이을 이스라엘의 지도자로 여호수아를 세우셨습니다.

모세는 여호수아를 불러 이스라엘 백성들이 보는 자리에서 그에게 "너는 강하고 담대하라 너는 이 백성을 거느리고 여호와께서 그들의 조상에게 주리라고 맹세하신 땅에 들어가서 그들에게 그 땅을 차지하게 하라 그리하면 여호와 그가 네 앞에서 가시며 너와 함께하사 너를 떠나지 아니하시며 버리지 아니하시리니 너는 두려워하지 말라 놀라지 말라"신 31:7-8라고 했습니다.

이번에는 하나님이 직접 여호수아에게 "너는 이스라엘 자손들을 인도하여 내가 그들에게 맹세한 땅으로 들어가게 하리니 강하고 담대하라 내가 너와 함께하리라"신 31:23 라고 말씀을 하셨습니다. 여호수아는 모세의 안수를 받고 이스라엘의 지도자로 세워지고 모세는 떠났습니다.

선택

여호수아 앞에는 두려운 일들이 그야말로 산적해 있었습니다. 여호수아는 두려움을 어떻게 이겼을까. 두려움의 스트레스를 어떻게 감당했을까. 그는 그것도 하나님의 말씀대로 하는 것으로 극복했습니다. 하나님은 여호수아에게 "강하고 담대하라"며 "너는 두려워하지 말며 놀라지 말라"라고 말씀하셨습니다.

한 번만 말씀하신 것이 아닙니다. 우리는 앞에서 하나님이 여호수아에게 하신 말씀을 같이 봤습니다. 그 짧은 말씀에 "오직 강하고 극히 담대하라"며 "너는 강하고 담대하라"는 말씀이 계속 이어졌습니다. 이렇게 말씀하시며 하나님은 계속 여호수아에게 내가 있다고 일깨워 주셨습니다. 하나님은 내가 있으니 두려워하지 말고 내가 너와 함께할 테니 두려워하지 말라고 하셨습니다.

우리는 두려운 상황이 되면 두려워할 수밖에 없다고 생각합니다. 두려움은 우리가 어떻게 할 수 없다고, 두려운 감정이 우리의 가슴을 채우면 어쩔 수 없이 두려워해야 한다고 생각합니다. 그런데 하나님은 말씀하십니다. 두려워하지 말라. 환경과 감정은 그대로인데 하나님은 두려워하지 말라고 하십니다.

하나님은 불가능한 것을 우리에게 하라고 하시는 분이 아닙니다. 우리는 두려워하지 않기로 결정하면, 두려워하지 않을 수 있는 존재입니다. 두려워할 것인지 두려워하지 않을 것인지를 예수 믿는 우리는 선택할 수 있습니다. 그 능력이 우리 안에 있습니다. 사람을 지으신 하나님이 믿는 사람 여호수아에게 두려워하지 말라고 하시는 것을 보면 이것은 확실합니다. 사람이 두려워하지 않는 것이 불가능한데 두려워하지 말라고 하실 하나님이 아니십니다.

하나님은 성령을 우리 가운데 보내셔서 우리가 이런 결정을 할 수 있도록 지금도 돕고 계십니다. 성령의 도움을 받으면 두려워하지 말라는 하나님의 말씀을 따라 두려워하지 않기로 결정하기가 한결 쉬워집니다.

우리가 성령이 충만하던 어느 날, 어떤 이를 향한 미운 감정이 우리 마음에 여전함에도 우리의 감정대로 하지 않고 사랑하라는 하나님의 말씀대로 한 것 같이 여호수아도 그렇게 했습니다.

"나는 하나님이 두려워하지 말라고 해서 두려워하지 않기로 결정했다."
"나는 하나님이 사랑하라고 해서 그 말씀에 근거해 사랑하기로 결정했다."

이것이 우리의 고백이 되어야 합니다. 두려운 마음이 계속 드는데 어떻게 두려워하지 않고 미운 감정이 남아 있는데 어떻게 사랑할 수 있느냐고 우리의 감정을 앞세우지 말고 하나님의 말씀을 앞세워야 합니다.

"하나님의 말씀이 내 감정보다 우선이다."

이 한마디만 고백하고 그대로 한다면, 우리는 우리가 겪고 있는 많은 감정의 문제에서 벗어날 수 있습니다.

뿌리

어떻게 여호수아는 평생을 하나님 앞에서 이렇게 잘 살다 잘 죽었을까. 그 의문이 풀어졌습니다. 하나님입니다. 하나님이 거기 계셨습니다. 여호수아에게는 하나님이 있었습니다. 하나님은 여호수아에게 말씀하셨습니다. 여호수아는 그 말씀을 따랐습니다. 여호수아에게 이것은 모세의 수종자로 그와 함께할 때부터 해 오던 일입니다. 본인은 산꼭대기로 올라가며 여호수아에게 나가서 아말렉과 싸우라고 할 때도 그는 이것을 하나님이 모세를 통해 자신에게 하신 말씀으로 받았습니다.

여호수아는 하나님과 함께했습니다. 하나님은 여호수아와 함께하셨습니다. 임마누엘, 그 뜻은 '하나님이 우리와 함께 계시다'입니다. 하나님은 여호수아에게 거듭 약속하셨습니다.

내가 모세와 함께 있었던 것 같이 너와 함께 있을 것임이니라 수 1:5
내가 너를 떠나지 아니하며 버리지 아니하리니 수 1:5

사진 오른쪽에 낙서가 되어 있는 건물이 여호수아의 무덤입니다.
사진 정리하다 여호수아 무덤 외부 사진을 찍지 않은 것을 발견했습니다.
항상 외부에서 촬영하고 안으로 들어가 촬영해야 하는데 마을을 담다 그만 깜빡했습니다.
고맙게도 성백철 목사님은 매뉴얼대로 외부 사진을 촬영했습니다.

photo by Sung Backchel

네가 어디로 가든지 네 하나님 여호와가 너와 함께하느니라 수 1:9
여호와 그가 네 앞에서 가시며 너와 함께하사 너를 떠나지 아니하시며 버리지 아니하시리니 신 31:8

하나님은 이 약속을 지키셨습니다. 하나님은 그와 함께 사셨습니다.
여호수아는 자신이 산 것이 아니라 그 안에서 하나님이 사셨습니다. 이것은 바울의 고백이기도 합니다.

내가 그리스도와 함께 십자가에 못 박혔나니 그런즉 이제는 내가 사는 것이 아니요 오직 내 안에 그리스도께서 사시는 것이라 이제 내가 육체 가운데 사는 것은 나를 사랑하사 나를 위하여 자기 자신을 버리신 하나님의 아들을 믿는 믿음 안에서 사는 것이라 갈 2:20

신약의 말씀을 구약에 미리 산 사람이 여호수아입니다.
여호수아의 일생을 성경을 통해 따라가 봤습니다. 보통은 다윗의 경우처럼 뭔가 하나는 아쉬운 점이 있습니다. 그러나 여호수아에게서는 그런 점을 찾지 못했습니다. 그는 잘 살았습니다. 잘 죽었습니다.

photo by Cho Hyunsam

chapter 4

업어주는교회

갈라

소망이 끊어진 세상을
독수리 날개로
업어 주는 교회

업어주는교회

　성경지리연수는 성경의 땅 현장 학습입니다. 성경의 역사가 펼쳐진 땅이 있는 나라를 찾아가고, 그 나라 안에서도 성경에 지명이 나오는 곳을 주로 찾아갑니다. 그러다 보니, 유명한 곳이라 해도 그곳이 성경에 등장하지 않으면 일단은 관심권 밖으로 밀려납니다. 감라도 그런 곳 중 하나입니다.

　감라 이야기를 하려면 등장인물 소개가 필요할 것 같습니다. 2017년 성경지리연수 멤버는 다섯 명이었습니다. 저와 아내 그리고 캄보디아 김항철 선교사님 내외와 바이블랜드에서 1년간 연구년을 보낸 우리 교회 성백철 목사님이 함께했습니다. 성경지리연수 때 주로 팔레스타인 자치 지구인 베들레헴에 묵다, 그해는 예루살렘에 숙소를 얻었습니다. 다섯 명이 에어비앤비를 통해 방

04 업어주는교회

감라_ 소망이 끊어진 세상을
독수리 날개로 업어 주는 교회

세 개짜리 집 하나를 렌트했습니다. 그곳을 베이스캠프로 차 한 대를 렌트해 성경의 역사가 펼쳐졌던 곳을 날마다 찾아다니며 그 땅에서 하나님이 하신 일을 공부했습니다.

16박 17일 일정 중에 딱 한 끼만 외식하고 나머지는 자체적으로 밥을 지어 먹었습니다. 점심은 늘 도시락을 싸서 차에 싣고 가서 적당한 곳에서 먹었습니다. 그렇다고 이것이 불쌍해 보이거나 초라해 보이지 않습니다. 바이블랜드에는 곳곳에 피크닉 테이블이 준비되어 있습니다. 날마다 피크닉입니다.

업그레이드는 어디서도 이루어지는 것 같습니다. 2017년은 밥솥을 차에 싣고 다니며 점심에 따뜻한 밥을 먹은 원년입니다. 전에도 늘 서울에서 밥솥을 가지고 나와 밥을 해 먹었지만, 점심때 밥솥을 들고 나갈 생각은 못 했습니다. 그 해에는 거의 매일 밥솥을 들고 나갔습니다. 밥솥은 연수 때마다 매번 새로 삽니다. 출발할 때, 아예 현지 유학생에게 흘려보낼 생각으로 새 밥솥을 하나 사서 나옵니다. 성경지리연수를 마치고 우리가 떠난 자리에 밥솥이 남습니다(웃음).

성경지리연수 때 우리는 현지에서 강사와 동행합니다. 강사는 우리에게 성경의 땅을 가르쳐 주는 선생님입니다. 차 한 대로 이동하는 경우, 연수팀의 최대 인원을 5명으로 한정합니다. 6인승 차량의 운전석 옆자리는 강사 지정석이기 때문입니다. 강사와 함께 차로 이동하며 강의를 많이 듣습니다. 강사는 주로 현지에서 공부하고 있거나 거주하고 있는 성경 지리에 조예가 깊은 유학생이나 목사님 중에서 미리 섭외합니다.

갈릴리 일정 때는 거리 관계로 숙소를 갈릴리로 옮깁니다. 역시 에어비앤비를 통해 갈릴리 호숫가에 집 하나를 얻었습니다. 이전에 한 번 묵었던 적이 있는 집입니다. 갈릴리에 도착해 하룻밤 자고 났더니 비가 내렸습니다. 김 선교

감라국립공원 입구입니다.
photo by Cho Hyunsam

사님 내외의 성경의 땅 공부 열정은 비도 막을 수 없었습니다. 아내와 김 선교사님 내외는 그해 선생님과 함께 갈릴리 인근을 다녀오고 나와 성 목사님은 숙소에 남아 교회 홈페이지에 글을 썼습니다.

점심때, 감라를 다녀온 김 선교사님이 사진을 보여 주며 흥분한 목소리로 "엄청 큰 독수리가 있다"고 했습니다. 김 선교사님 카메라에 있는 사진을 보니, 독수리 모형 아래 아내와 김 선교사님 아내가 양팔을 벌리고 서서 찍었습니다. 독수리가 양 날개를 펼친 크기가 두 사람이 양팔을 벌린 크기와 같았습니다. 아쉽게도 그날 김 선교사님은 독수리 실물은 보지 못하고 모형만 보고 왔습니다. 비가 오는 날이라 독수리가 날지 않았던 모양입니다. 한번 가 보고 싶은 마음이 들었습니다.

2019년 감라에 있는
독수리 모형 앞에서
촬영한 사진입니다.
사진 왼쪽부터
나옥희·이선미 사모입니다.

photo by Cho Hyunsam

독수리 날개에 마음이 가면서, 독수리 공부를 좀 했습니다. 조류 도감이 아니라 손에 들고 있던 성경으로 독수리 공부를 시작했습니다. 먼저 성경에 나오는 독수리를 찾아 읽었습니다.

에스겔서에 독수리에 대한 구체적인 묘사가 나오는데, "색깔이 화려하고 날개가 크고 깃이 길고 털이 숱한 큰 독수리"겔 17:3 또는 "날개가 크고 털이 많은 큰 독수리"겔 17:7로 표현되어 있습니다. 둘 다 공통적으로 '날개가 크다'는 특징이 들어 있습니다. 김 선교사님이 찍어 온 사진에 나오는 독수리는 양 날개를 펼쳤을 때 그 길이가 2.7m입니다. 날개 길이가 사람 키보다 훨씬 큽니다.

욥기는 독수리에 대해 좀 더 자세한 정보를 제공합니다.

독수리가 공중에 떠서 높은 곳에 보금자리를 만드는 것이 어찌 네 명령을 따름이냐. 그것이 낭떠러지에 집을 지으며 뾰족한 바위 끝이나 험준한 데 살며 거기서 먹이를 살피나니 그 눈이 멀리 봄이며 그 새끼들도 피를 빠나니 시체가 있는 곳에는 독수리가 있느니라 욥 39:27-30

이 말씀에서 보듯이 독수리는 보금자리를 사람이나 짐승이 접근하기 어려운 곳에 마련합니다. 이에 대해서는 예레미야도 언급했습니다.

네가 독수리 같이 보금자리를 높은 데에 지었을지라도 내가 그리로부터 너를 끌어내리리라 렘 49:16

독수리가 사체를 먹는 것과 성경이 "이런 것은 먹지 못할지니 곧 독수리와 솔개와 물수리"신 14:12라고 한 것도 무관치 않습니다.

다윗이 사울과 요나단을 위해 지은 조가에서 "그들은 독수리보다 빠르고 사자보다 강하였도다"삼하 1:23라고 한 데서 보는 것처럼, 독수리는 성경에서 빠름의 대명사로 종종 나타납니다. 또한 "오직 여호와를 앙망하는 자는 새 힘을 얻으리니 독수리가 날개 치며 올라감 같을 것이요 달음박질하여도 곤비하지 아니하겠고 걸어가도 피곤하지 아니하리로다"사 40:31라는 이 말씀에서 보는 것처럼 독수리는 성경에서 힘의 상징으로 묘사되기도 했습니다.

이번에는 성경에 나오는 독수리를 구약성경을 기록한 히브리어로는 뭐라고 하는지 찾아보았습니다. 예전 같으면 이것은 서재에서나 가능한 일인데, 지금은 노트북 안에 있는 성경연구프로그램을 통해 세계 어디에서도 할 수 있습니다. 성경연구용 소프트웨어가 여러 가지인데, 2017년 독수리 원어 공부는 교회가 성도들의 십일조로 마련해 준 어코던스를 활용했습니다. 지금은 로고스 프로그램을 주로 사용합니다.

독수리가 히브리어로는 네세르 נֶשֶׁר 입니다. 네세르는 우리가 아는 독수리eagle와 우리가 잘 알지 못하는 독수리vulture 둘 다를 일컫는 단어입니다. 네세르의 단어 풀이가 영어로 이글eagle과 벌처vulture로 구분되어 있었습니다.

그러나 대부분의 영어나 한글 성경에는 이것이 구분되어 있지 않았습니다. 네세르가 한글성경에는 독수리, 영어 성경에는 대부분 이글로 되어 있습니다. 영어 성경 중에 NIV는 '네세르'를 벌처로 두 번(미 1:16, 합 1:8) 번역했고, 나머지는 대부분 이글로 번역했습니다. 네세르가 가리키는 이글과 벌처 중에 성경에 나오는 독수리는 대부분 벌처입니다.

벌처에 대한 공부가 필요했습니다. 벌처에 대해 좀 더 자료를 찾아보았습니다. 벌처도 여러 종류가 있었습니다. 그러다 성경의 땅에 사는 벌처가 학명으로는 'Gyps fulvus', 영어로는 'Griffon vulture', 우리말로는 '흰목대머리수리'라는 것을 알았습니다. 흰목대머리수리 몸체의 길이는 약 1m, 날개의 길이는 자료마다 약간의 차이가 있었지만 대부분 양쪽 날개를 펼치면 2.5m에서 3m로 적혀 있었습니다.

　독수리 공부를 마치고 이틀 후, 야생 독수리를 볼 수 있다는 이스라엘 국립공원 감라를 향해 다섯 명이 같이 갔습니다. 매표소 직원에게 "오늘 독수리를 볼 수 있겠느냐"라고 물었더니 "행운을 빈다"며 웃어 주었습니다. 아무래도 쉽지 않을 것이라는 말처럼 들렸습니다.

photo by Cho Hyunsam

photo by Cho Hyunsam

감라는 갈릴리 호수에서 북동쪽 방향으로 골란고원 위에 있습니다. 골란고원은 아래서 올라갈 때는 높은 산을 오르는 것 같습니다. 마치 구불구불한 강원도 산길을 오르는 것 같습니다. 그러나 정상에 이르면 끝이 보이지 않을 정도로 넓은 평원이 이어집니다. 마치 몽골의 평원 같습니다. 감라 계곡은 지각변동이 있을 때 골란고원의 한 부분이 찢어지며 생긴 것 같습니다. 양쪽이 평지고 그 사이에 깊은 계곡이 있습니다. 계곡 양쪽을 약간 전후로 조정해서 다시 합치면 딱 맞을 것 같은 그런 지형입니다.

감라 독수리 전망대는 골란고원에서 보면 평지 끝자락에 있습니다. 전망대 근처를 가기 전까지, '여기 무슨 깊은 골짜기가 있어'라는 생각이 들 정도입니다. 만약 야간에 초행인 사람이 사륜구동 자동차로 골란고원을 달리면 이 낭떠러지로 떨어지기 십상입니다.

 2월이면 성경의 땅도 겨울입니다. 골란고원 위로 바람이 몹시 불었습니다. 제 아내와 김 선교사님 아내는 차에 있고 남자 셋이 카메라를 들고 전망대로 향했습니다. 성백철 목사님이 "목사님, 그래도 믿음으로 렌즈를 망원으로 바꾸시지요"라고 했지만, 저는 독수리가 나올 것이라는 믿음이 없어 그랬는지 24-70mm렌즈를 마운트한 채로 독수리를 기다렸습니다. 믿음은 없으면서 기다리기는 하는 묘한 상황입니다.

 전망대 위에서 내려다본 감라 계곡은 욥기에 독수리의 보금자리로 묘사된 '낭떠러지에 집을 지으며 뾰족한 바위 끝이나 험준한 데', 바로 그곳이었습니다. 전망대를 절벽이 시작되는 끝자락에 지었기 때문에 아래를 내려다보니 계곡 바닥이 보이지 않았습니다. 고층 아파트 발코니에서 아래를 내려다볼 때와 같은 아찔함이 다리로 전해집니다. 잠실에 새로 지은 롯데월드타워전망대를 올라갔지만, 아래가 내려다보이는 유리 바닥 위에 서지는 못했습니다. 무서워서. 그런 제가 그 전망대에 서서 독수리를 기다렸습니다.

 카메라를 들고 기다린 지 얼마 되지 않았을 때, 김항철 선교사님이 "목사님, 독수립니다"라고 소리치며 카메라를 들었습니다. 감라 매표소에서 준 브로슈어에서 본 것처럼, 큰 날개를 가진 벌처 두 마리가 머리 위에서 날고 있었습니다. 저도 서둘러 렌즈를 70-200mm 망원렌즈로 교체해 부지런히 벌처를 카메라에 담았습니다. 한계가 있었습니다. 좀 더 큰 망원렌즈의 필요성을 처음 느낀 날입니다. 그래도 그중 몇 장에는 벌처가 담겼습니다. 아쉽지만 그래도 벌처의 위엄과 날개의 길이를 가늠할 수 있을 정도는 됐습니다.

 사진이 많지만 그래도 '내가 찍은 사진'의 의미는 남다릅니다. 감라 독수리 사진도 '내가 거기서 찍은 사진'이기에 저에게는 의미가 큽니다. 세상과 우리

"하나님은 이스라엘 백성들을 애굽에서 독수리 날개로 업어 시내 광야까지 인도하셨습니다. 마찬가지로 하나님은 우리를 업어 오늘 이 자리까지 인도하셨습니다. 2017년 성경지리연수를 마치고 돌아와 주일 낮에 독수리 날개를 설교했습니다. 하나님이 이스라엘 백성들을 독수리 날개로 업어 주신 것처럼 하나님이 우리를 업어 여기까지 인도하셨다고 설교했습니다."

photo by Cho Hyunsam

가 하나님께 특별한 이유도 하나님이 만드셨기 때문일 것입니다.

사진을 필름 카메라로 배워서 그런지 지금도 사진을 한 장씩 찍습니다. 연사가 가능한 카메라를 들고도 한 장씩 찍습니다. 이것도 습관인가 봅니다. 그러다 보니 어느 곳에 가더라도 한두 장을 정성껏 찍으면 이내 카메라를 내려놓습니다. 카메라가 무거운 것도 한 이유고 편집 시간을 줄이기 위한 것도 한 이유입니다.

여러 장의 비슷한 사진을 놓고 그중에 하나를 고르는 일이 저에게는 어려운 일입니다. 나머지를 버려야 하는데, 아까워서 버리지를 못합니다. 사진 선생님 역할을 부탁받은 성도가 저에게 한 말 중 하나가 "목사님, 한 장만 올리세요"입니다. 이것도 좋아 보이고 저것도 좋아 보이다 보니 비슷한 사진을 교회 홈페이지에 여러 장 올립니다. 사진을 올릴 때마다, '그래, 한 장만 올려야지' 하고 마음을 먹지만 마음처럼 되지는 않습니다.

감라에서 촬영한 흰목대머리수리 사진은 교회 홈페이지에 몇 장이나 올렸을까요. 인터넷 사정이 썩 좋지 않은 환경에서 새벽 4시까지 독수리 사진을 편집해 글과 함께 교회 홈페이지에 올렸습니다. 다음날 보니 독수리 사진을 올려도 너무 많이 올려 그중 몇 장을 삭제했는데도, 지금도 열어 보면 꽤 많은 독수리가 홈페이지를 날아다니고 있습니다. 그날 독수리 날개에 감동을 크게 한 것도 한 원인입니다(웃음).

여기까지 읽고, 왜 이렇게 새 한 마리에 집중하고 시간을 쓰는지 궁금한 분도 있을 것 같습니다. 평소 성경을 읽으며 독수리가 나올 때, 많은 사람이 알고 제가 아는 그 독수리를 생각하다 보니 독수리와 관련된 말씀에 실감하지 못한 부분이 있었습니다. 그런데 현장에서 벌처의 큰 날개를 보니 성경에 기록된 독수리와 관련된 말씀들을 실감할 수 있었습니다.

업어 주다

이스라엘 자손이 애굽 땅을 떠난 지 3개월이 되던 날, 그들은 시내 광야에 이르렀습니다. 백성들은 장막을 치고 모세는 하나님 앞에 올라갔습니다. 하나님은 산에서 모세를 불러 "너는 이같이 야곱의 집에 말하고 이스라엘 자손들에게 말하라" 출 19:3 라며 "내가 애굽사람에게 어떻게 행하였음과 내가 어떻게 독수리 날개로 너희를 업어 내게로 인도하였음을 너희가 보았느니라" 출 19:4 라고 말씀하셨습니다.

이 말씀 가운데 하나님이 이스라엘 백성을 향해 "독수리 날개로 너희를 업어 내게로 인도하였다"는 표현이 나옵니다. 날개로 업어 주기 위해서는 날개가 커야 합니다. 저는 지금껏 날개가 큰 독수리를 보지 못했습니다. 날개가 큰 독수리가 겨울을 보내기 위해 우리나라로 오기는 하지만, 일부러 가야 볼 수 있습니다.

그러나 성경 시대뿐 아니라 지금도 성경의 역사가 펼쳐졌던 땅에서는 어렵지 않게 날개가 큰 독수리를 볼 수 있습니다. 출애굽한 이스라엘 백성들도 날개가 큰 벌처, 흰목대머리수리를 보았고 알았을 것입니다. 흰목대머리수리 서식지와 출애굽 경로가 비슷합니다. 하나님이 하나님의 어떠하심을 설명하실 때는 말씀을 듣는 이들이 알고 있는 친숙한 소재를 사용하십니다. 이스라엘 백성이 이 날개가 큰 독수리를 보고 알았기에 하나님이 이스라엘 백성들을 어떻게 인도하셨는지 설명하면서 '독수리 날개로 너희를 업어 내게로 인도하였다'라고 하신 것입니다.

이번에 양 날개를 펼치면 무려 2.7m나 되는 벌처를 보기 전까지, 날개로 업는다는 것이 실감 나지 않았습니다. 제 생각 속에 있는 그 작은 독수리 날개로 새끼를 업으면, 어떻게 날갯짓을 하며 날 수 있을까. 아마 이런 생각을 해서 그런지 모릅니다. 벌처가 나는 것을 보니, 날갯짓은 거의 하지 않습니다. 그저 양 날개를 쫙 펼친 상태로 바람을 탑니다. 감라에서 바람을 탄다는 말이 어떤 의미인지도 알았습니다. 그러다 한 번 날갯짓을 살짝 하면 몇 십 미터는 족히 날아갑니다. 새끼를 업고도 이것은 충분히 할 수 있는 일입니다.

하나님은 이스라엘 백성들을 애굽에서 독수리 날개로 업어 시내 광야까지 인도하셨습니다. 마찬가지로 하나님은 우리를 업어 오늘 이 자리까지 인도하셨습니다. 2017년 성경지리연수를 마치고 돌아와 주일 낮에 독수리 날개를 설교했습니다. 하나님이 이스라엘 백성들을 독수리 날개로 업어 주신 것처럼 하나님이 우리를 업어 여기까지 인도하셨다고 설교했습니다.

설교 중에 지난날 자신을 독수리 날개로 업어 주신 일들이 기억나서 그러는지 여러 성도의 눈시울이 붉어졌습니다. "지난날 우리를 독수리 날개로 업어 주신 하나님이 앞으로도 우리를 독수리 날개로 업어 주실 것입니다"라고 힘차게 외치며 성도들을 위로하고 격려했습니다.

감라교회

그다음 주일에는 감라교회를 설교했습니다. 우리 교회가 감라교회가 되어, 하나님이 독수리 날개로 우리를 업어 주신 것처럼 우리 교회도 독수리 날개가 되어 업어 주는 교회가 되자고 설교했습니다. 돌아보니 지난날 하나님이 독수리 날개로 우리를 업어 주실 때, 독수리 날개는 사람이었고 교회였습니다. 때로 어떤 기관이나 단체가 우리의 독수리 날개가 되어 주기도 했습니다. 우리에게는 우리가 위험한 상황을 만나 어떻게 할 수 없는 절박한 상황에 처했을 때 홀연히 나타나 우리에게 날개를 내밀어 준 사람이 있고 교회가 있습니다.

누구에게나 인생 날개가 있습니다. 잠시 책 읽는 것을 멈추고 내 인생 날개를 회상하는 시간을 가져도 좋을 것 같습니다. 내 인생에 독수리 날개가 되어 나를 업어 준 사람, 나를 업어 준 교회를 찾아보는 것도 은혜가 될 것 같습니다.

우리는 교회입니다. 주일이면 모인 교회고 평일이면 흩어진 교회입니다. 교회인 우리가, 또한 우리 교회를 비롯한 한국교회가 절망 중에 있는 사람들과 소망이 끊어진 세상에 독수리 날개가 되기 원합니다. 그들을 독수리 날개로 업어 주는 감라교회가 우리이길 원합니다. 감라교회가 되어 그들을 업어 주고 싶습니다.

감라로 올라가는 길에서 촬영한 갈릴리 호수입니다.
photo by Cho Hyunsam

photo by Cho Hyunsam

"지난날 우리를 독수리 날개로 업어 주신 하나님이
앞으로도 우리를 독수리 날개로 업어 주실 것입니다"

주의 날개

성경에는 독수리의 날개가 자연스럽게 주의 날개로 이어집니다. 주의 날개를 독수리 날개로 생각해도 무리가 없습니다.

보아스는 시어머니 나오미를 따라 베들레헴으로 돌아온 모압 여인 룻에게 "네 남편이 죽은 후로 네가 시어머니에게 행한 모든 것과 네 부모와 고국을 떠나 전에 알지 못하던 백성에게로 온 일이 내게 분명히 알려졌느니라"룻 2:11 라며 "여호와께서 네가 행한 일에 보답하시기를 원하며 이스라엘의 하나님 여호와께서 그의 날개 아래에 보호를 받으러 온 네게 온전한 상 주시기를 원하노라"룻 2:12라고 위로하고 격려했습니다. 여기 주의 날개가 나옵니다.

하나님은 이사야를 통해 "새가 날개 치며 그 새끼를 보호함 같이 나 만군의 여호와가 예루살렘을 보호할 것"이라며 "그것을 호위하며 건지며 뛰어넘어 구원하리라"사 31:5라고 약속하셨습니다.

시편 기자들은 이구동성으로 주의 날개 아래가 피난처라고 노래합니다.

> 나를 눈동자 같이 지키시고 주의 날개 그늘 아래에 감추사 내 앞에서 나를 압제하는 악인들과 나의 목숨을 노리는 원수들에게서 벗어나게 하소서 시 17:8-9
> 하나님이여 주의 인자하심이 어찌 그리 보배로우신지요 사람들이 주의 날개 그늘 아래에 피하나이다 시 36:7
> 하나님이여, 내게 은혜를 베푸소서 내게 은혜를 베푸소서 내 영혼이 주께로 피하되 주의 날개 그늘 아래에서 이 재앙들이 지나기까지 피하리이다 시 57:1
> 내가 영원히 주의 장막에 머물며 내가 주의 날개 아래로 피하리이다 시 61:4

주의 날개 아래는 피난처입니다. 그곳은 안전합니다. 시편 기자는 "그가 너를 그의 깃으로 덮으시리니 네가 그의 날개 아래에 피하리로다"라고 노래했습니다.

다음은 이 노래가 실린 시편 91편입니다.

지존자의 은밀한 곳에 거주하며 전능자의 그늘 아래에 사는 자여, 나는 여호와를 향하여 말하기를 그는 나의 피난처요 나의 요새요 내가 의뢰하는 하나님이라 하리니 이는 그가 너를 새 사냥꾼의 올무에서와 심한 전염병에서 건지실 것임이로다. 그가 너를 그의 깃으로 덮으시리니 네가 그의 날개 아래에 피하리로다 그의 진실함은 방패와 손 방패가 되시나니 너는 밤에 찾아오는 공포와 낮에 날아드는 화살과 어두울 때 퍼지는 전염병과 밝을 때 닥쳐오는 재앙을 두려워하지 아니하리로다. 천 명이 네 왼쪽에서 만 명이 네 오른쪽에서 엎드러지나 이 재앙이 네게 가까이하지 못하리로다 시 91:1-7

주의 날개 아래 보호가 있습니다.

감라 계곡은 바람이 몹시 불었습니다. 2월이라 그런지 몰라도 추웠습니다. 아마 여름에 가면 햇빛이 무척 강할 것입니다. 독수리는 그 날개로 햇빛이 새끼에게 해가 되지 않도록 가려 주고 매서운 바람을 그 날개로 막아 줍니다. 하나님은 우리를 독수리 날개로 황무지에서, 짐승이 부르짖는 광야에서 호위하고 보호하며 지키십니다.

시편 기자는 121편에서 "여호와는 너를 지키시는 이시라"며 "여호와께서 네 오른쪽에서 네 그늘이 되시나니 낮의 해가 너를 상하게 하지 아니하며 밤의 달도 너를 해치지 아니하리로다"라고 노래했습니다. 이 시편을 읽으면 이제는 독수리 날개가 연상됩니다.

photo by Cho Hyunsam

　지난날, 우리의 삶을 돌아보면 하나님이 우리를 얼마나 지극정성으로 보호해 주셨는지 알 수 있습니다. 우리 삶에는 '그가 나를 그의 깃으로 덮으신' 수많은 흔적이 있습니다. 그때 아파서 누웠던 시간도 세월이 지나고 보니 그의 깃으로 우리를 덮으신 순간이었습니다. 그때 우리가 실패했던 그 순간에도 우리는 주의 날개 아래서 보호받았습니다.

　지나온 날 중에 하나님의 날개 아래서 보호받았던 시간과 날들을 헤아려 보다 내 삶의 일부가 아니라 전부가 하나님의 날개 아래였음을 알았습니다. 우리가 안전할 수 있었던 것도 우리가 여전할 수 있었던 것도 하나님이 그 깃으로 덮어 주셨기 때문입니다. 우리에게 주의 날개가 있다는 것이 얼마나 감사한 일인지 모릅니다. 언제라도 달려가면 보호받을 수 있는 안전한 하나님 아버지가 계신 것은 우리에게 큰 복입니다.

교회 아래

독수리는 높은 곳 낭떠러지에 집을 지으며 뾰족한 바위 끝이나 험준한 데 삽니다. 그곳에서 알을 낳습니다. 그곳에서 부화한 새끼에게 그곳은 위험한 곳 같아 보이지만, 사실 그곳은 가장 안전한 곳입니다. 그곳은 울부짖는 광야의 짐승들이 접근할 수 없습니다. 새끼 독수리는 그곳에서 어미 독수리의 날개 아래 보호받습니다. 독수리 새끼에게 어미 독수리 날개 아래는 예수 믿는 우리에게는 예수님의 날개 아래입니다. 예수님의 몸인 교회도 주의 날개 아래입니다.

교회가 사람들이 보기에 매력적이지 못할 수 있습니다. 독수리 보금자리를 보며, '저기서 어떻게 사나' 하는 마음이 드는 것처럼 교회가 어떤 사람들에게는 그렇게 보일 수 있습니다. 그러나 우리에게 교회는 주의 날개 아래입니다. 우리가 교회에 나가는 것은 단지 일주일에 예배 한 번 드리며 산다는, 그런 정도가 아닙니다. 교회는 독수리 날개 아래입니다.

교회 아래 있을 때 우리는 보호받고 교회 아래 있을 때 우리는 안전합니다. 때로 이스라엘 백성들이 주의 날개 아래를 벗어나 애굽의 날개 아래 나아가 보호받고 안전을 보장받으려 했지만, 그 결과는 번번이 실패로 끝났습니다. 독수리 새끼는 어미 독수리의 날개 아래가 가장 안전하고, 하나님의 자녀는 하나님의 날개 아래가 가장 안전합니다. 예수 믿는 우리는 교회 날개 아래 머물 때 가장 안전합니다. 교회로 가서 교회의 날개 아래 보호를 받아야 합니다.

두려운 일이 많은 세상입니다. 힘들고 어려운 일이 많은 세상입니다. 도망가고 싶은 세상입니다. 이런 상황일 때, 어디로 피해야 할지 몰라 방황하는 이들이 많습니다. 이런 이들이 피난 갈 수 있는 곳이 교회입니다.

보호

하나님이 주의 날개 아래로 보호받으러 온 이들을 그 깃으로 덮으시고 보호하신 것처럼, 감라교회는 교회 날개 아래로 보호받으러 온 이들을 잘 보호해야 합니다. 그들을 악한 짐승으로부터 보호해야 합니다. 그들의 허물을 덮어 주고 그들의 비밀을 지켜 줘야 합니다.

감라교회는 새가 날개 치며 그 새끼를 보호함 같이 교회 공동체 구성원들을 보호합니다. 감라교회는 교인도 보호하고 교역자도 보호하고 선교사도 보호하고 어린이도 보호하고 청년도 보호하고 장년도 보호하고 어르신도 보호합니다. 감라교회에 가면 보호받는다는 느낌이 듭니다. 감라교회 교인은 내가 어떤 상황에 있더라도 교회가 나를 보호해 줄 것이라는 믿음이 있습니다.

우리 한 사람 한 사람이 교회입니다. 우리는 감라교회입니다. 교회인 우리 자신은 우리 곁에 있는 사람들을 보호해야 합니다. 우리와 교제하는 사람들에게 '이 사람은 내가 어려움에 처하거나, 허물이 생기면 그런 나를 보호하고 덮어 줄 사람'이라는 확신을 줘야 합니다. 나아가 우리가 아는 사람과 우리가 사는 사회와 우리나라와 세계를 보호하는 것도 감라교회 몫입니다.

양육

신명기 32장을 보면, 하나님이 모세를 통해 이스라엘 백성에게 "여호와께서 그를 황무지에서, 짐승이 부르짖는 광야에서 만나시고 호위하시며 보호하시며 자기의 눈동자 같이 지키셨도다" 신 32:10라며 드신 예가 독수리의 새끼 양육입니다.

photo by Cho Hyunsam
감라 정상에서 촬영한 사진입니다.

마치 독수리가 자기의 보금자리를 어지럽게 하며 자기의 새끼 위에 너풀거리며 그의 날개를 펴서 새끼를 받으며 그의 날개 위에 그것을 업는 것 같이 여호와께서 홀로 그를 인도하셨고 그와 함께 한 다른 신이 없었도다 신 32:11-12

하나님의 인도에는 양육이 포함되어 있습니다. 우리는 "하나님이 호위하시며 보호하시며 자기의 눈동자 같이 지키셨도다"라는 말씀을 읽으며, 사람은 아무 일도 하지 않고 그저 모든 것을 하나님이 다 알아서 해 주시는 것으로 생각할 수 있습니다. 실제 하나님의 인도를 이렇게 믿고 전혀 액션을 취하지 않는 경우가 있습니다. 오해입니다. 하나님의 인도와 보호와 지키심에는 반드시 양육 과정이 들어 있습니다. 마치 독수리가 그 새끼를 양육하듯이 하나님은 그의 자녀를 양육하십니다. 독수리가 어떻게 그 새끼를 양육하는지를 좀 더 자세히 살펴봅니다.

독수리는 새끼가 자라 어느 때가 되면, 자기의 보금자리를 어지럽게 합니다. 이 말은 일부러 새끼를 보금자리에서 떨어뜨린다는 의미입니다. 독수리는 높은 곳 낭떠러지에 집을 지으며 뾰족한 바위 끝이나 험준한 데 삽니다. 여기서 떨어뜨리려고 하면, 새끼 독수리는 안 떨어지려고 온갖 수단을 다 동원하며 버틸 것입니다. 애절한 눈빛으로 읍소를 하기도 할 것이고 나 죽으면 책임지라며 겁박도 할 것입니다. '제발, 제발' 하며 살려 달라고 애원하기도 할 것입니다. 하지만 어미 독수리는 매몰차게 자기 새끼를 보금자리에서 떨어뜨립니다.

보기에 따라 이것은 독수리의 '가정 폭력', '새끼 학대'로 보일 수 있습니다. 만약 이때 우리가 독수리 보금자리 곁에 있고 우리가 할 수만 있다면 이 새끼 독수리를 매정하고 혹독한 어미 독수리로부터 건져 주려고 할지 모릅니다. 좀 더 안전한 보금자리로 새끼 독수리를 들어 옮기고 어미 독수리로부터 분리해 보호함으로 다시는 이런 충격을 겪지 않아도 되는 환경을 만들어 주려고 할지 모릅니다. 우리는 그것이 새끼 독수리를 위한 일이라는 확신 가운데 이렇게 하려고 할 것입니다.

그러나 우리는 기억해야 합니다. 어미 독수리가 새끼를 절벽에 있는 보금자리에서 떨어뜨리는 것은 그가 미워서도 그가 싫어서도 아닙니다. 이것은 그를 날게 하기 위한 양육 과정입니다. 새끼를 절벽 높은 곳에 있는 보금자리에서 밀어뜨리는 것은 죽이는 것이 아니라 살리는 것입니다. 재앙이 아니라 평안입니다. 절벽 위 보금자리에서 밀어뜨리는 어미 독수리를 미워하거나 원망해서 감라에서 촬영한 사진입니다.
사진 앞과 뒤 사이가 깊은 골짜기입니다.

photo by Cho Hyunsam

는 안 됩니다. 이것은 독수리가 독수리 되기 위해 반드시 거쳐야 하는 과정입니다. 만약 이 과정을 거치지 않으면 그 독수리는 독수리로 태어났지만, 어쩌면 닭처럼 살다 죽을지 모릅니다.

필수

독수리가 독수리 되기 위해 반드시 거치는 과정이 있듯이 사람이 사람 되기 위해 반드시 거치는 과정이 있습니다. 하나님의 자녀이면 반드시 거쳐야 하는 과정이 있습니다. 그것이 양육입니다.

우리도 돌아보면 우리 인생 가운데 하나님의 양육이 있었습니다. 사람들 사이에서 생긴 일인 줄 알았는데 지나고 보니 그게 하나님의 양육 과정이었음을 뒤늦게 알게 된 경우도 많습니다. 양육 받을 때, 때로는 그 과정이 힘들어 그만두고 싶어 하기도 했습니다. 하지만 친히 하나님이 뜻을 세우시고 하시는 양육이라 믿어 끝까지 받았습니다. 아마 이것을 우리에게 선택하라고 했으면, 선택하지 않았을 가능성이 높습니다.

때로 우리가 선택이 가능한 양육 앞에서 그것을 놓아 버린 경우도 있습니다. 지금 와서 생각하면, 그때 그 양육을 받을 걸 하는 아쉬움이 들기도 합니다. 우리의 오늘은 지난날 우리가 받은 양육의 열매입니다.

애굽에서 나온 이스라엘 백성들에게도 양육 과정이 있었습니다. 이스라엘 백성에게 그 과정은 광야 생활이었습니다. 이 양육 과정에는 안전한 보금자리에서 떠밀려 떨어지는 과정도 들어 있습니다. 끝없이 추락하는 과정도 들어 있습니다. '이제는 죽었구나' 하는 절망스러운 과정도 들어 있습니다. 그때마다 그들은 독수리 날개로 업어 주시는 하나님을 만나고, 하나님을 체험했습니다. 그러다 보면, 어느 순간 온전한 하나님의 사람이 됩니다.

마치 새끼 독수리가 어느 날 창공을 나는 것처럼 우리도 하늘을 향해 날아오르는 날갯짓을 합니다. 하나님의 자녀로 하나님의 뜻을 따라 세상을 날아다닙니다. 이 관점에서 이스라엘 백성들의 광야 생활을 보면 '아, 이것이 하나님의 양육 과정이었구나'라고 보이고 느껴질 것입니다.

하나님은 광야에서 이스라엘 백성들을 양육하셨습니다. 광야에서의 독수리 날개 체험, 이것이 그들이 받아야 할 양육 미션이었습니다. 그러나, 안타깝게도 이스라엘 백성들은 광야에서 양육하시는 하나님을 원망하고 양육 과정을 불평했습니다. 때로 그들은 양육을 거부했습니다. 그들의 원망과 불평의 안쪽에 무지가 들어 있었습니다. 그것이 하나님이 자신들을 살리고 세우기 위한 양육 과정임을 알지 못한 무지함이 그들에게 있었습니다. 그러니 멀쩡한 애굽의 보금자리를 어지럽게 하시는 하나님이 원망스럽게 보일 수밖에 없었던 것입니다.

업어주는교회에는 양육이 있습니다. 업어주는교회에는 양육시키는 사람이 있습니다. 업어주는교회에는 양육 프로그램이 있습니다. 업어주는교회 교인은 양육을 받습니다. 양육은 자원해서 받는 것이 가장 좋습니다. 하지만 때로 하나님은 자원하지 않아도 양육을 시키십니다. 양육은 선택이 아니라 필수입니다.

독수리로 태어났지만 양육 받지 않으면 닭처럼 살다 죽는 것처럼, 하나님의 사람이 되었지만 양육 받지 않으면 어둠의 자식처럼 이리저리 휘둘리며 살다 죽을 수 있습니다. 양육, 받아야 합니다.

이 글을 마무리하며 힘들고 지칠 때 제가 자주 묵상하는 말씀 한 구절을 같이 나눕니다. 가능하면 소리를 내서 외치듯이 읽기 바랍니다.

야곱아, 어찌하여 네가 말하며 이스라엘아, 네가 이르기를 내 길은 여호와께 숨겨졌으며 내 송사는 내 하나님에게서 벗어난다 하느냐 너는 알지 못하였느냐 듣지 못하였느냐 영원하신 하나님 여호와 땅끝까지 창조하신 이는 피곤하지 않으시며 곤비하지 않으시며 명철이 한이 없으시며 피곤한 자에게는 능력을 주시며 무능한 자에게는 힘을 더하시나니 소년이라도 피곤하며 곤비하며 장정이라도 넘어지며 쓰러지되 오직 여호와를 앙망하는 자는 새 힘을 얻으리니 독수리가 날개 치며 올라감 같을 것이요 달음박질하여도 곤비하지 아니하겠고 걸어가도 피곤하지 아니하리로다 사 40:27-31

photo by Cho Hyunsam

photo by Cho Hyunsam

사진 왼쪽이 그리심산, 오른쪽이 에발산입니다.
이 두 산 사이가 세겜입니다.

chapter 5

예배교회

세겜

예수님이
디자인하신
모이는 교회

예배교회

야곱의우물, 고유명사라 붙여 씁니다. 성경지리연수 때면 꽤 무거운 DSLR 카메라를 가지고 다닙니다. 양질의 사진을 촬영해 교회 홈페이지에 올려 성도들과 나누기 위해서입니다. 2013년 2월, 야곱의우물을 찾아갈 때도 큰 카메라를 들고 갔습니다.

관점을 바꾸고 지불한 100달러

야곱의우물 위에 지은 교회당 1층을 촬영할 때까지는 아무 문제가 없는 듯했습니다. 그런데 관리인의 안내를 받아 우물이 있는 지하로 내려가자 사진 촬영은 안 된다고 했습니다. 우물 쪽으로 렌즈만 돌려도 관리인이 렌즈를 손으로 가리라고 했습니다. 사정도 해 봤지만, 단호했습니다. 관리인에게 촬영이 가능한 방법을 물었습니다. 일정 금액을 기부하면 가능하다고 했습니다. 그 일정 금액이 얼마인지 물었더니 100달러라고 했습니다. 그냥 눈으로 보고 나왔습니다.

숙소에 돌아와 글을 쓰는데, 현장 사진이 없는 것이 아쉬웠습니다. 인터넷에서 검색하면 야곱의우물 사진을 찾을 수는 있지만, 저작권자에게 사용 승락을 받는 절차도 복잡하고 사진의 질도 아쉬움이 컸습니다. 글을 쓰는데 글이 시원하게 나오지 않았습니다. 야곱의우물에서 만난 관리인에게 받은 마음의 스크래치 영향도 조금은 있는 것 같습니다. 하룻밤 걸려 관점을 바꿨습니다.

성경의 역사가 펼쳐졌던 그 땅은 지금 한 땅에 두 나라가 있습니다. 이스라엘과 팔레스타인. 팔레스타인 자치 지구는 경제적으로 열악합니다. 세겜은 팔레스타인 자치 지구 안에 있습니다. 야곱의우물 위에 세워진 교회당은 여러 차례 공격도 받고 테러도 당한 아픈 역사가 있습니다. 항상 철문을 잠가 놓는 이유도 이와 무관하지 않습니다. 야곱의우물은 별도의 입장료를 받지 않습니다. 그렇다고 그곳을 찾은 사람들이 기부를 많이 하는 것도 아닙니다. 그러다 보니 사진 촬영을 허락하고 받는 기부금이 수입원의 상당 부분을 차지하지 않을까 싶습니다. 관점을 바꾸니 생각도 함께 바뀌었습니다.

다음 날 아침, 성백철 목사님에게 야곱의우물을 다시 가자고 하자 "야곱의우물을요?" 했습니다. 성경지리연수 때 숙소를 예루살렘이나 베들레헴에 정하고 차량으로 이동합니다. 그해 숙소는 베들레헴, 세겜까지 가려면 자동차로 2시간 남짓 가야 합니다. 평소에도 그렇지만, 성경지리연수 때도 하나님께 마음을 구하고 그 마음을 따라갑니다. 사전에 일정을 계획하고 그 일정을 따라가는 방식이 아니라 마음을 따라가는 방식이라 이것이 가능했습니다. 단체로 야곱의우물 위에 세워진 교회당입니다.
야곱의우물 위에 세워진 교회당은 여러 차례 공격도 받고
테러도 당한 아픈 역사가 있습니다.
항상 철문을 잠가 놓는 이유도 이와 무관하지 않습니다.

photo by Cho Hyunsam

가는 경우는 이렇게 할 수가 없지요.

다시 가서 100달러를 내고 삼각대를 설치하고 촬영했습니다. 자체 조명을 이용해 촬영하기도 했고 스피드라이트를 장착하고 촬영하기도 했습니다. 다양한 각도에서 야곱의우물을 카메라에 담았습니다. 이 장에 실린 사진 대부분은 그때 촬영한 사진입니다.

관점을 바꾸고 마음이 바뀌어서인지, 하나님이 그해 그 우물에서 예기치 않은 은혜를 주셨습니다. 하나님이 열어 주셔서 보여 주셨다고 할 수밖에 달리 표현할 길이 없는 것을 하나님이 깨닫게 하셨습니다. 그것을 좀 나누려고 합니다.

세겜에 있는 야곱의우물

야곱의우물이 성경에 나옵니다. 우리는 당연히 이것이 구약에 나올 것이라고 생각합니다. 야곱의우물에 나오는 야곱이 창세기에 등장하는 족장 아브라

photo by Cho Hyunsam

야곱의우물 위에 그리스정교회가 교회당을 지었습니다. 야곱의우물을 가려면 먼저 그 위에 세워진 교회당을 통과해야 합니다. 야곱의우물 위에 세워진 교회당 1층입니다. 강단 좌우로 자세히 보면 지하로 내려가는 계단이 있습니다. 관리인의 안내를 받아 그 계단을 따라 내려가면 야곱의우물이 나옵니다. 우물 위에는 물을 길어 올릴 수 있는 도르레가 설치되어 있습니다. 그 위쪽에 십자가가 한쪽으로 기울어 있는데, 사진을 촬영한 그때도 사진을 편집하는 지금도 기울어진 십자가를 바로 세우고 싶은 마음이 여전합니다.

함 이삭 야곱 요셉의 그 야곱이기 때문입니다. 그런데 우리의 예상과 달리 야곱의우물은 신약성경에 나옵니다.

  이 땅에 오셔서 30년을 준비하신 예수님이 3년간의 공생애를 시작하셨습니다. 예수님은 사시던 나사렛에서 갈릴리 호숫가에 있는 가버나움으로 옮겨 그곳을 베이스캠프로 본격적인 사역을 시작하셨습니다. 예수님의 활동 반경은 가버나움을 중심으로 북쪽으로는 두로와 시돈까지, 남쪽으로는 유대 광야와 예루살렘까지 광범위했습니다.

  요한복음 4장에 예수님이 유대를 떠나 다시 갈릴리로 가실 때, 남쪽에서 북쪽으로 올라가는 여정, 사마리아를 통과하시는 장면이 나옵니다. 이것은 이례적인 일입니다. 일반적으로 유대인이 유대에서 갈릴리를 갈 때 유대와 갈릴리 중간에 있는 사마리아를 피해 유대에서 여리고로 내려가 요단강을 건너 북쪽으로 갈릴리까지 올라가는 길로 다녔습니다. 그 반대도 마찬가지였습니다. 그 여정은 사마리아를 관통하는 여정보다 돌아가는 여정이지만 유대인들은 이 경로로 갈릴리와 유대를 오갔습니다.

일부러 잡은 여정

그런데 예수님은 사마리아를 통과하는 여정을 선택하셨습니다. 성경을 보면 이것은 예수님의 의지적인 결정입니다. 요한은 이 여정을 보도하며 "(예수님이) 유대를 떠나사 다시 갈릴리로 가실새 사마리아를 통과하여야 하겠는지라" 요 4:3-4 고 했습니다. 이를 오늘의 신문 기사 용어를 빌려 구분하면 리드입니다. 리드는 한눈에 읽는 이들의 시선을 사로잡을 수 있는 기사의 핵심 내용을 한두 문장으로 압축해 앞세우는 것을 말합니다. 우리에게는 이 리드가 평이하게 읽힐지 모르지만, 당시로서는 상당히 이례적이고 충격적인 내용입니다.

우리는 먼저 지리적인 개념 하나를 정리하고 가던 길을 가려고 합니다. 예수님 당시 이스라엘은 유대와 사마리아와 갈릴리로 크게 나눌 수 있습니다. 유대가 가장 남쪽이고 갈릴리가 북쪽입니다. 사마리아는 유대와 갈릴리 중간에 위치해 있습니다.

유대와 갈릴리와 사마리아는 큰 지명입니다. 바게트 빵처럼 길쭉한 이스라엘 지도에서 갈릴리 호수가 있는 북쪽 이름이 갈릴리, 중간이 사마리아, 예루살렘이 있는 남쪽이 유대입니다. 우리 개념으로 설명하면 이 셋을 경기도, 강원도 같은 도道라고 생각하면 이해가 쉬울 것 같습니다. 도 안에는 시가 있고 군이 있고 읍면동이 있듯이 유대와 사마리아와 갈릴리 안에는 크고 작은 도시와 마을들이 있습니다.

야곱 때 세겜이 예수님 때 수가

요한은 사마리아 통과 여정을 소개하며 "(예수님이) 사마리아에 있는 수가라 하는 동네에 이르시니 야곱이 그 아들 요셉에게 준 땅이 가깝고 거기 또 야곱

　의 우물이 있더라"요 4:5-6a라고 했습니다. 예수님이 큰 지명 사마리아 안에 있는 작은 지명 수가라는 동네에 도착하신 것입니다. 개역한글성경은 이곳을 수가성이라고 했고 개역개정성경은 수가라는 동네로 바꾸었습니다. 어려서부터 수가성이라고 들어서 그런지 수가성이 입에 붙습니다.

　수가성에 대해 요한은 두 가지 정보를 우리에게 제공합니다. 하나는 야곱이 그 아들 요셉에게 준 땅이 가깝다는 것이고 또 하나는 거기 야곱의 우물이 있었다는 것입니다. 오늘 그곳에 가면 야곱의 우물이 지금도 있습니다. 예수님이 사마리아 여인과 대화를 나누시던 그 우물이 지금도 있습니다. 그리고 그곳에서 그리 멀지 않은 곳에 요셉의 무덤이 있습니다. 예수님 당시에도 이 둘이 거기 있었습니다.

야곱과 세겜

우리는 여기서 이곳과 야곱의 관계를 잠시 살펴보려고 합니다. 야곱이 등장하고 그의 아들 요셉이 등장하는 것으로 미루어 이곳이 야곱이 살던 곳 같기도 합니다. 이 부분을 구약성경을 통해 간단히 살펴보고 지나가려고 합니다.

야곱이 이곳에 잠시 산 적이 있습니다. 우리가 잘 아는 대로 야곱은 형 에서의 축복을 가로챈 일로 밧단아람에 있는 외삼촌 집으로 피신을 갑니다. 20년을 외삼촌 집에서 지내던 야곱이 가족과 함께 살던 땅으로 돌아옵니다. 하나님이 아브라함을 인도하셨던 가나안 땅으로 야곱은 돌아옵니다. 그때 야곱이 이곳에 이르렀습니다. 그때 이곳 이름은 세겜이었습니다. 그 세겜이 예수님 당시에는 수가로 바뀌어 있었습니다. 세겜성이 수가성이 된 것입니다. 성경은 야곱이 이곳에 온 일을 이렇게 기록하고 있습니다.

photo by Cho Hyunsam

그리심산에서 촬영한 세겜입니다.
사진 왼쪽에 봉우리가 조금 보이는 산이 그리심산과 마주하고 있는 에발산입니다.
세겜의 현대 지명은 나불루스입니다.

> 야곱이 밧단아람에서부터 평안히 가나안 땅 세겜 성읍에 이르러 그 성읍 앞에 장막을 치고 그가 장막을 친 밭을 세겜의 아버지 하몰의 아들들의 손에서 백 크시타에 샀으며 거기에 제단을 쌓고 그 이름을 엘엘로헤이스라엘이라 불렀더라 창 33:18-20

야곱이 세겜에 이르러 눌러살 작정을 한 듯싶습니다. 그러나 우리가 잘 아는 것처럼 그곳에서 야곱의 딸 디나가 그 땅의 추장 세겜에게 강간을 당하는 사건이 발생하고 야곱의 두 아들이 주도해 세겜 사람들에게 보복하는 일이 일어났습니다. 그 후에 하나님은 야곱에게 나타나 벧엘로 올라가라고 했습니다. 그는 벧엘로 향하였고 나중에는 헤브론에 정착했습니다.

야곱이 정확히 세겜성에 얼마 동안 체류했는지는 모릅니다. 그가 사용하던 우물이 대대로 야곱의우물이라고 불린 것을 보면 그래도 일정 기간 야곱은 세겜에 살았던 것 같습니다.

예수님의 세겜 방문

야곱이 잠시 살던 땅 세겜에 예수님이 찾아오셨습니다. 수가라고 그 이름이 바뀐 땅을 예수님이 찾으셨습니다. 예수님의 세겜 방문은 상당한 의미가 있습니다. 야곱의우물에서 보면 산 둘이 보입니다. 하나는 그리심산이고 또 하나는 에발산입니다. 그리심산에서 촬영하면 야곱의우물이 렌즈 안으로 들어옵니다.

왜 갑자기 그리심산과 에발산 이야기를 하는지 의아할 수 있습니다. 모세는 출애굽한 이스라엘 백성을 가나안 땅 목전까지 인도했습니다. 가나안 땅 입성은 여호수아 주도로 이루어졌습니다. 모세는 여호수아에게 가나안 땅에 들어 그리심산에서 촬영한 세겜 입구입니다. 자주색 돔이 있는 건물이 야곱의우물 위에 세워진 그리스정교회교회당입니다. 홍순화 목사님이 쓴 성경지명사전(한국성서지리연구원 刊)에 의하면 야곱의우물 자리 위에 비잔틴 시대에 교회를 세웠으나 529년에 파괴되었고 십자군 시대인 1187년에 재건축되었습니다. 무슨 이유인지는 알지 못하지만, 이 교회를 1914년 러시아정교회가 다시 건축을 시작했다가 1차 세계 대전으로 중단되었던 것을 그리스정교회가 재개하여 완공했습니다. 이것이 현재의 교회당입니다.

photo by Cho Hyunsam

가면 세겜에 가서 그리심산과 에발산 사이에서 축복과 저주를 선포하라고 했습니다. 여호수아는 모세가 일러준 대로 가나안 땅에 입성해 온 백성과 함께 세겜에 이르러 하나님을 예배했습니다. 두 산에서 축복과 저주를 선포했습니다. 세겜은 가나안 땅에 들어온 이스라엘 백성들이 모여 예배를 드린 의미 있는 곳입니다.

예수님이 지금 그 세겜을 찾으셨습니다. 야곱이 도착해 제단을 쌓은 세겜, 이스라엘 백성이 애굽에서 돌아와 다 같이 모여 예배를 드린 세겜, 그곳을 예수님이 찾아오신 것입니다. 지나다 들른 것이 아닙니다. 의지적으로 이 여정을 계획하시고 그것을 실행에 옮기셨습니다.

이제 우리는 세겜성을 찾으신 예수님을 만나러 성경으로 들어갑니다. 요한

"야곱이 잠시 살던 땅 세겜에 예수님이 찾아오셨습니다.
수가라고 그 이름이 바뀐 땅을 예수님이 찾으셨습니다."

복음 4장입니다. 요한은 수가성에 도착하신 예수님의 상황을 "예수께서 길 가시다가 피곤하여 우물 곁에 그대로 앉으시니 때가 여섯 시쯤 되었더라"요 4:6라고 했습니다. 야곱이 하나님께 제단을 쌓았던 그 자리에, 가나안 땅에 입성한 이스라엘 백성들이 다 같이 모여 하나님을 예배했던 그 자리에 예수님이 홀로 앉아 계십니다. 제자들은 먹을 것을 사러 동네에 들어갔습니다.

  그때 한 사마리아 여인이 물을 길으려고 야곱의우물로 왔습니다. 예수님은 그 여인에게 말을 거셨습니다. 예수님과 사마리아 여인이 나눈 대화를 대본 형식으로 정리해 봅니다.

예수님과 세겜 여인의 대화

예수: 물을 좀 달라.

사마리아 여자(이하 여자): 당신은 유대인으로서 어찌하여 사마리아 여자인 나에게 물을 달라 하나이까?

지문: 이는 유대인이 사마리아인과 상종하지 아니함이러라.

예수: 네가 만일 하나님의 선물과 또 네게 물 좀 달라 하는 이가 누구인 줄 알았더라면 네가 그에게 구하였을 것이요 그가 생수를 네게 주었으리라.

여자: 주여, 물 길을 그릇도 없고 이 우물은 깊은데 어디서 당신이 그 생수를 얻겠사옵나이까? 우리 조상 야곱이 이 우물을 우리에게 주셨고 또 여기서 자기와 자기 아들들과 짐승이 다 마셨는데 당신이 야곱보다 더 크니이까?

예수: 이 물을 마시는 자마다 다시 목마르려니와 내가 주는 물을 마시는 자는 영원히 목마르지 아니하리니 내가 주는 물은 그 속에서 영생하도

록 솟아나는 샘물이 되리라.

여자: 주여, 그런 물을 내게 주사 목마르지도 않고 또 여기 물 길으러 오지도 않게 하옵소서.

예수: 네 남편을 불러오라.

여자: 나는 남편이 없나이다.

예수: 네가 남편이 없다 하는 말이 옳도다. 너에게 남편 다섯이 있었고 지금 있는 자도 네 남편이 아니니 네 말이 참되도다.

여자: 주여, 내가 보니 선지자로소이다. 우리 조상들은 이 산에서 예배하였는데 당신들의 말은 예배할 곳이 예루살렘에 있다 하더이다.

예수: 여자여 내 말을 믿으라. 이 산에서도 말고 예루살렘에서도 말고 너희가 아버지께 예배할 때가 이르리라. 너희는 알지 못하는 것을 예배하고 우리는 아는 것을 예배하노니 이는 구원이 유대인에게서 남이라. 아버지께 참되게 예배하는 자들은 영과 진리로 예배할 때가 오나니 곧 이때라. 아버지께서는 자기에게 이렇게 예배하는 자들을 찾으시느니라. 하나님은 영이시니 예배하는 자가 영과 진리로 예배할지니라.

여자: 메시아, 곧 그리스도라 하는 이가 오실 줄을 내가 아노니 그가 오시면 모든 것을 우리에게 알려 주시리이다.

예수: 네게 말하는 내가 그라.

지문: 이때에 제자들이 돌아와서 예수께서 여자와 말씀하시는 것을 이상히 여겼으나 무엇을 구하시나이까 어찌하여 그와 말씀하시나이까 묻는 자가 없더라. 여자가 물동이를 버려두고 동네로 들어가서 사람들에게 이르되 내가 행한 모든 일을 내게 말한 사람을 와서 보라. 이는 그리스도가 아니냐 하니 그들이 동네에서 나와 예수께로 오더라. 요 4:3 30

유대인과 사마리아인

이 말씀은 우리가 잘 아는 말씀입니다. 그리스도인이라면 누구나 한 번쯤은 이 본문으로 설교를 들었을 것입니다. 성경은 이 본문에 나오는 여인을 사마리아 여자 한 사람이라고 소개했습니다. 예수님이 이 여자에게 물 좀 달라고 하셨습니다. 우물가 인심이란 말이 있습니다. 보통은 물 좀 달라고 하면 줍니다. 그런데 이 여자는 조금은 까칠하게 반응합니다. "당신은 유대인으로서 어찌하여 사마리아 여자인 나에게 물을 달라 하나이까?" 유대인에 대한 반감이 묻어 있습니다.

이 여자가 이렇게 반응한 것을 설명하려고 요한은 "이는 유대인이 사마리아인과 상종하지 아니함이러라"라는 지문을 달았습니다. 유대인이 사마리아인과 상종하지 않았다? 이 배경을 우리는 조금 더 알 필요가 있습니다. 앞에서 유대인이 유대에서 갈릴리를 가거나 갈릴리에서 유대를 갈 때 사마리아를 관통하는 여정을 피한 이유도 바로 이 때문입니다. 유대인은 사마리아인을 상종하지 않았습니다. 그들을 만나는 것 자체를 싫어했습니다.

여기서 잠시, 유대인과 사마리아인이 왜 이렇게 되었는지를 간단히 살펴보고 지나갑니다. 이스라엘이 남북으로 분열되어 있던 시절이 있습니다. 솔로몬 아들 때 일이지요. 그때 북쪽을 이스라엘이라 부르고 남쪽을 유다라고 불렀습니다. 역사 공부 때는 북이스라엘, 남유다라고 구분해 부르기도 합니다. 이스라엘이 남북이 통일되었을 때의 이름이라 이것과 구분하기 위해서입니다. 북이스라엘의 수도는 사마리아였고, 남유다는 예루살렘이었습니다. 그러다 남북이 다 제국의 침략을 받았습니다. 먼저 북쪽이 앗수르 제국에 의해 멸망했습니다. 그때 앗수르가 쓴 정책이 혼혈 정책입니다.

그 후손이 예수님 당시 사마리아 사람들입니다. 남유다는 바벨론 제국에 의해 침략당하고 많은 유대인들이 바벨론에 포로로 잡혀갔습니다. 그러나 그들은 70년만에 포로된 땅에서 돌아왔습니다. 다시 돌아와 무너진 예루살렘 성벽을 다시 쌓고 성전을 복원했습니다. 그들이 유대입니다. 유다와 유대는 같은 말입니다.

　포로에서 돌아온 유대인들에게는 혈통을 보존했다는 상대적인 자긍심이 있었습니다. 이것이 사마리아 사람들을 무시하는 것으로 나타났습니다. 이스라엘이 남북으로 나뉘어져 있을 때도 있었던 반목이지만, 그것이 더욱 심화되었습니다. 심지어 유대인들은 사마리아인을 개 취급하기도 했습니다. 이런 반목과 적대감이 예수님 때까지도 이어졌습니다. 이들은 예배도 따로 드렸습니다. 유대인들은 예루살렘 성전에서, 사마리아 사람들은 그리심산에 성전을 짓고 거기서 예배했습니다.

　이런 배경 때문에 사마리아 여인이 예수님께 우리가 보기에는 좀 까칠한 듯한 반응을 한 것입니다. '평소에 우리와 상종도 하지 않더니 물은 왜 달라고 그래.' 사마리아 여자가 마음으로 생각하던 것이 자신도 모르게 그만 입으로 흘러나왔는지 모릅니다.

　우물에는 물이 있습니다. 그 물을 화제로 예수님은 여자와 대화를 이어가셨습니다. 나중에 보니 단순히 대화를 하신 것이 아니라 그 여자를 전도한 것입니다. 어디를 가도 누구를 만나도 예수님의 관심은 영혼 구원이었음을 여기서도 다시 한번 확인할 수 있습니다.

　이 말씀은 우리가 익히 잘 아는 말씀입니다. 그해 성경지리연수에서 돌아와 '물을 바꿔야 한다'는 주제로 설교했습니다. 야곱의 우물물을 예수님이 주시는 영생하도록 솟아나는 생수로 바꾼 은혜를 선포했습니다. 영생하도록 솟아나는 생수가 우리 안에 있는 것을 성도들과 같이 나누었습니다. 이 말씀은 앞으

그리심산 정상에 있는 사마리아 성터입니다.

photo by Kim Chiyoung

그리심산 정상에 있는
사마리아 성전터입니다.

로도 다양한 관점에서 목회자들이 은혜를 길어 올려 성도들과 함께 나눌 생수의 우물입니다.

하나님의 선물, 예수

예수님은 까칠하게 반응하는 사마리아 여자에게 "네가 만일 하나님의 선물과 또 네게 물 좀 달라 하는 이가 누구인 줄 알았더라면 네가 그에게 구하였을 것이요 그가 생수를 네게 주었으리라"요 4:10라고 하셨습니다. 여기서 예수님은 자신을 하나님의 선물이라고 했습니다. 또한 생수를 주는 이라고 소개했습니다. 예수님이 말씀하신 하나님의 선물은 구원을 의미할 수도 있고 예수님 자신을 의미할 수도 있습니다. 그러나 이 둘은 어떤 의미에서 같습니다. 구원을 받는 것은 곧 예수님을 받는 것이니 둘 다 같은 하나님의 선물입니다. 예수님이 하나님의 선물이라는 관점에서 이 말씀을 적용합니다.

예수님은 사마리아 여인에게 "나는 하나님의 선물이다"라고 대놓고 말씀하셨습니다. 그러나 사마리아 여자는 이 말에 관심도 없었습니다. "당신이 하나님의 선물이라고요"라고 놀라기라도 해야 하는데, 그녀는 하나님의 선물에 아무런 반응도 보이지 않았습니다. 우리는 어떤가요. 혹여 우리도 예수님이 주시는 것은 선물로 알지만, 예수님 자신이 하나님의 선물인 것은 놓치고 있는지 한번 살펴볼 필요가 있습니다.

예수님은 하나님의 선물입니다. 이것은 우리가 방금 확인한 것처럼 예수님이 직접 말씀하신 내용입니다. 선물은 받아야 합니다. 사람의 선물도 감사함으로 잘 받아야 하지만 하나님의 선물은 더욱 그래야 합니다.

아쉽게도 사마리아 여자의 눈에는 예수님이 하나님의 선물로 보이지 않았습니다. 예수님이 그저 자신을 무시하는 한 유대인 남자로 보였습니다. 그녀의 반응이 이것이 맞다고 말하고 있습니다. 예수님이 하신 말씀 중에 귀가 있어도 듣지 못하고 눈이 있어도 보지 못한다는 말씀이 있습니다. 하나님의 선물을 하나님의 선물로 볼 수 있고 받을 수 있는 것은 큰 복입니다. 놀라운 은혜입니다.

우리는 방금 예수님 자신이 하나님이 우리에게 보내신 선물이라는 것을 확인했습니다. 아니, 어쩌면 이미 오래전에 이것을 알고 예수님을 하나님의 선물로 받았습니다. 하나님의 선물을 받은 사람이 있고 하나님의 선물을 거절한 사람이 있습니다. 하나님의 선물을 거절한 사람은 안타깝지만 예수님이 하나님의 선물로 보이지 않아 그렇게 했습니다. 예수님은 신의 선물입니다. 이 세상을 창조하신 창조주의 선물입니다. 예수를 믿는 우리는 하나님의 선물을 받은 사람입니다.

아, 예수님이 하나님의 선물이구나. 이 사실을 깨닫고 나면 사람도 하나님의 선물이 될 수 있음이 보입니다.

하나님이 우리에게 주신 사람이 있습니다. 그도 하나님의 선물일 수 있습니다. 배우자를 하나님의 선물로 알고 감사함으로 받고 기뻐하는 사람이 있습니다. 자녀를 하나님의 선물로 받은 사람이 있습니다. 모두가 그런 것은 아닙니다. 하나님의 선물을 선물이 아니라 짐으로 받는 사람도 있습니다. 심지어 어떤 사람은 벌로 받기도 합니다. 안타까운 것은 선물도 짐으로 받으면 무겁고 벌로 받으면 고통스럽다는 것입니다. 눈을 열어 하나님의 선물을 선물로 받는 은혜가 평생 우리 가운데 있기를 소망합니다.

생수를 주시는 이, 예수

예수님은 사마리아 여자에게 "그가 생수를 네게 주었으리라"라고 하셨습니다. 여기서 그가 예수님입니다. 예수님은 자신을 생수를 주는 이라고 소개하셨습니다. 구약성경에서 하나님은 자신을 "생수의 근원인 나"라고 소개하셨습니다. 하나님은 예레미야 선지자를 통해 이스라엘 백성을 향해 생수의 근원인 나를 버렸다고 꾸짖었습니다.

> 내 백성이 두 가지 악을 행하였나니 곧 그들이 생수의 근원 되는 나를 버린 것과 스스로 웅덩이를 판 것인데 그것은 그 물을 가두지 못할 터진 웅덩이들 이니라 렘 2:13

신약성경에 생수는 요한복음에만 나옵니다. 지금 우리가 보고 있는 것처럼 예수님이 사마리아 여자와 대화하실 때 생수가 나오고 나머지 한 번은 예수님의 설교 중에 나옵니다.

> 명절 끝날 곧 큰 날에 예수께서 서서 외쳐 이르시되 누구든지 목마르거든 내게로 와서 마시라 나를 믿는 자는 성경에 이름과 같이 그 배에서 생수의 강이 흘러나오리라 하시니 이는 그를 믿는 자들이 받을 성령을 가리켜 말씀하신 것이라 요 7:37-39

세겜 여자가 보지 못한 것

예수님이 3인칭을 사용해 "그가 생수를 네게 주었으리라"라고 말씀하셨지만, 사마리아 여자는 예수님이 말씀하시는 그가 예수님인 것으로 이해는 했습니다. 그러고는 예수님께 되묻습니다.

주여 물 길을 그릇도 없고 이 우물은 깊은데 어디서 당신이 그 생수를 얻겠 사옵나이까 요 4:11

사마리아 여자는 논리적으로 따졌습니다. "첫째, 당신에게는 물 길을 그릇이 없다. 둘째, 이 우물은 깊다. 그런데 어디서 당신이 그 생수를 얻어 내게 주겠다는 것이냐." 야무진 듯합니다. 어쩌면 다 맞는 말입니다. 예수님께는 물 길을 그릇이 없습니다. 이 우물은 깊습니다. 지금 수가성의 현대 지명 나블루스에 있는 야곱의우물 수심은 30m 정도됩니다.

사마리아 여자에게는 보이는 것이 다입니다. 그녀가 보지 못한 것이 있습니다. 예수님은 물 길을 그릇 정도가 아니라 세상을 창조하신 전능하신 분입니다. 야곱의우물과는 비교할 수 없는 깊은 바다와 높은 산을 지으신 분입니다. 예수님이 야곱의우물에서 물을 길어 여자에게 주는 것은 그야말로 일도 아닙니다. 하지만 사마리아 여자의 눈에 그것은 보이지 않았습니다. 한 유대인 남자만 보였지 천지를 창조하신 하나님은 보이지 않았습니다.

누가 크냐

사마리아 여자는 덧붙였습니다.

우리 조상 야곱이 이 우물을 우리에게 주셨고 또 여기서 자기와 자기 아들들과 짐승이 다 마셨는데 당신이 야곱보다 더 크니이까 요 4:12

야곱의우물에 있는 물은 지금도 도르레를 이용해 길어 올릴 수 있습니다.
도르레를 이용해 야곱의우물에서 물을 길어 올려 마셨습니다. 시원했습니다.
우물의 깊이는 자료마다 다르나 대부분 30m에서 40m 정도라고 했습니다.

photo by Cho Hyunsam

뜬금없이 조상 이야기를 합니다. 야곱을 자기 조상이라고 하면서 자신이 야곱의 자손임을 드러내고 있습니다. 야곱이 자기 조상이라는 말은 자신이 아브라함의 후손이라는 말입니다. 이 부분은 유대인과 사마리아인 간에 첨예한 문제입니다. 유대인은 자신들이 아브라함의 자손이라는 우월감으로 사는 사람들입니다. 사마리아 여자가 그런 유대인 앞에서 자신도 아브라함의 자손이라며 "당신이 야곱보다 더 크니이까"라고 질문 형식으로 힐난하고 있습니다. "우리 조상만도 못한 사람이 우리 조상도 하지 못한 일을 하겠다고 하니 나 원 참…." 이 말을 할 때 여자는 마음으로 이런 생각을 하고 있었을 수 있습니다.

제자들은 자기들끼리 누가 크냐 하고 논쟁했는데 사마리아 여자는 야곱과 당신 중에 누가 크냐고 논쟁을 걸었습니다. 예수님은 야곱과 자신 중에 누가 크냐는 논쟁에 휘말리지 않으셨습니다. 예수님은 사마리아 여자를 향해 "이 물을 마시는 자마다 다시 목마르려니와 내가 주는 물을 마시는 자는 영원히 목마르지 아니하리니 내가 주는 물은 그 속에서 영생하도록 솟아나는 샘물이 되리라"요 4:13-14 라고 다시 한번 복음을 전하셨습니다. 논쟁에 복음으로 대응하셨습니다.

물의 차이

야곱의우물물과 내가 주는 물의 차이를 예수님은 사마리아 여자에게 분명히 알려 주셨습니다. "야곱의우물물을 마신 사람은 다시 갈증을 느끼겠지만 내가 주는 물을 마신 자는 다시는 갈증을 느끼지 않을 것이다. 내가 주는 물은 그 속에서 영생하도록 솟아나는 샘물이 되리라." 예수님이 주시는 만족과 세상이 주는 만족의 차이를 아주 극명하게 드러내 설명해 주셨습니다.

오늘도 주님이 주시는 생수 대신 야곱의우물물로 갈증을 해소하려는 이들이 있습니다. 근원적이고 근본적인 만족이 예수 안에 있는데, 생수의 근원인 예수를 버리고 터진 웅덩이에 물을 채우고 있는 안타까운 이들이 있습니다.

사마리아 여자는 예수님의 말씀에 귀가 솔깃했습니다. 아직 예수님의 말씀을 온전히 다 이해한 것은 아니지만, 사마리아 여자는 "내가 주는 물은 그 속에서 영생하도록 솟아나는 샘물이 되리라"는 예수님의 말씀에 반색하며 예수님께 "주여, 그런 물을 내게 주사 목마르지도 않고 또 여기 물 길으러 오지도 않게 하옵소서"라고 청했습니다.

예수님은 사마리아 여자를 향해 "네 남편을 불러오라"고 하셨습니다. 전혀 예기치 못한 말에 여자는 당황하며 "나는 남편이 없나이다"라고 둘러댔습니다. 예수님은 "네가 남편이 없다 하는 말이 옳도다"라며 "너에게 남편 다섯이 있었고 지금 있는 자도 네 남편이 아니니 네 말이 참되도다"라고 하셨습니다. 여자는 적지 않게 놀랐습니다. 처음 본 사람이 자신에 대해 너무나 정확하게 아는 것에 무척 당황했을 것입니다. 사마리아 여자는 "주여, 내가 보니 선지자로소이다"라고 했습니다.

예배 장소

사마리아 여자는 서둘러 화제를 전환합니다. 예수님을 향해 "우리 조상들은 이 산에서 예배하였는데 당신들의 말은 예배할 곳이 예루살렘에 있다 하더이다"요 4:20 라고 예배 장소 문제를 예수님께 꺼냈습니다. 사마리아 여자는 이것이 아주 많이 궁금했나 봅니다.

여기서 그녀가 말하는 우리 조상들은 북이스라엘 사람들 곧 사마리아 사람들입니다. 이 산은 예수님과 마주 앉은 야곱의우물에서 고개를 들면 보이는 그리심산입니다. 당시 사마리아인들은 그리심산에서 예배하고 유대인들은 예루살렘에서 예배하고 있었습니다. 사마리아 여자는 이 중에 어느 것이 맞는지를 예수님께 물었습니다.

사마리아 여자의 질문에 예수님은 "여자여, 내 말을 믿으라"라며 "이 산에서도 말고 예루살렘에서도 말고 너희가 아버지께 예배할 때가 이르리라"라고 말씀하셨습니다. 당시까지만 해도 예배 장소는 사마리아인에게는 그리심산 위에 있는 사마리아 성전, 유대인에게는 예루살렘에 있는 성전으로 제한되어 있습니다. 예배하기 위해서는 반드시 이 두 곳 중 한 곳으로 가야 했습니다.

그런데 예수님이 그리심산에서도 말고 예루살렘에서도 말고 너희가 아버지께 예배할 때가 이르리라고 선포하신 것입니다. 예배의 장소가 예루살렘 성전과 사마리아 성전으로 제한되어 있는 것이 이제 곧 풀어질 것이라는 선언입니다. 유대인들도 사마리아인들도 다 들고일어날 파격적인 말씀을 예수님이 지금 사마리아 여자에게 하고 있는 것입니다.

예루살렘도 아니고 그리심산도 아니라면 그럼 어디서 예배한다는 말일까. 귀를 세울 수밖에 없는 대목입니다. 예수님은 어떤 마음으로 왜 이렇게 파격적인 말씀을 하셨을까요. 우리는 이제 그것을 살펴보려고 합니다.

예수의 복안

이 땅에 오신 예수님 안에는 계획이 있었습니다. 하나님이 주신 계획입니다. 그것은 하나님이 택한 그의 백성을 구원하는 것입니다. 예수님은 이 하나님의 계획을 따라 한 걸음씩 앞으로 나가셨습니다. 예수님은 자신의 몸을 십자가 위에서 영원한 제물로 하나님께 드려 하나님이 택한 그의 백성들의 죄를 속량하시기로 이미 작정하셨습니다. 하나님의 자녀들을 구원하시기로 뜻을 단단히 굳히셨습니다.

여기가 끝이 아닙니다. 하나님의 계획은 이들을 구원한 후에 바로 그들을 다 천국으로 데리고 가는 것이 아닙니다. 예수 그리스도를 통해 구원한 그들을 여전히 세상에 살게 하다 때가 되면 천국으로 인도하기로 하나님은 뜻을 세우셨습니다.

이 계획은 당연히 그동안 구원받은 이들을 어떻게 할 것인가로 이어져야 합니다. 그들을 각자도생하다 천국에 오도록 내버려 둘 것인지, 아니면 세상에서 따로 불러 모아 목자가 양을 치듯 목양할 것인지 결정을 해야 합니다. 하나님은 구원받은 그들을 세상에서 불러 모아 새로운 공동체를 만들기로 계획하셨습니다. 그 계획을 예수님이 이루러 오셨습니다.

교회

이 땅에 오신 예수님 안에는 구원받은 이들을 위한 공동체를 만드는 계획이 있었습니다. 그것이 교회입니다. 이 땅에 오신 예수님은 우리를 구원하시는 일과 더불어 구원받은 우리를 위해 교회를 세우시는 일을 병행하셨습니다. 예수님이 사마리아 여인과 대화를 나누시던 이때, 교회는 아직 세상에 없었습니다. 물론 사도행전이 광야에 있는 이스라엘 백성들을 광야교회라고 표현하기는 했지만, 예수님이 사마리아 여자를 만날 때 아직 교회는 없었습니다. 다만 교회를 세울 계획만 예수님 안에 있었습니다.

하나님이 택하시고 구원한 사람들을 위한 공동체가 필요했습니다. 그들이

"이 땅에 오신 예수님 안에는 계획이 있었습니다. 하나님이 주신 계획입니다. 그것은 하나님이 택한 그의 백성을 구원하는 것입니다. 이 계획은 당연히 그 동안 구원받은 이들을 어떻게 할 것인가로 이어져야 합니다.
그들을 각자도생하다 천국에 오도록 내버려 둘 것인지, 아니면 세상에서 따로 불러 모아 목자가 양을 치듯 목양을 하도록 할 것인지 결정을 해야 합니다. 하나님은 구원받은 그들을 세상에서 불러 모아 새로운 공동체를 만들기로 계획하셨습니다. 그 계획을 예수님이 이루러 오셨습니다."

photo by Cho Hyunsam

모여 하나님께 예배하며 기도하고 서로 교제하며 사랑하고 격려하는 곳이 필요했습니다. 예수님은 그곳을 교회라 칭하시고 교회 세우는 일을 하나하나 진행하셨습니다. 예수님이 디자인하신 교회는 모이는 것입니다. 교회는 예배하는 공동체입니다. 예배를 드리기 위해서는 모여야 합니다.

그런데 문제는 예배 장소가 그리심산과 예루살렘으로 한정되어 있는 것입니다. 교회를 세우기 위해 예수님은 그리심산과 예루살렘으로 한정된 예배 장소 제한부터 푸셨습니다. "이 산에서도 말고 예루살렘에서도 말고 너희가 아버지께 예배할 때가 이르리라"요 4:21 라는 예수님의 선언은 그리심산과 예루살렘으로 한정된 예배 장소 제한이 풀어질 것이라는 장엄한 선언입니다.

예수님은 사마리아인들은 알지 못하는 것을 예배하고 우리는 아는 것을 예배한다며 이는 구원이 유대인에게서 남이라고 하셨습니다. 구원이 유대인에게서 난다? 선뜻 이해되지 않을 수 있습니다. 유대인들이 이렇게 말했다면 흘려들을 수 있는데 예수님이 이렇게 말씀하셨습니다. 심각하게 생각하지 말고 단순하게 생각하면 의외로 쉽게 풀리는 경우가 많습니다.

이 경우도 그렇습니다. 유대인의 기원을 찾아 위로 올라가면 야곱의 아들 유다가 나옵니다. 마태복음에 예수님의 족보가 나오는데, 예수님은 유다의 후손으로 이 땅에 오셨습니다. 예수님은 유대인입니다. 유다와 유대는 같은 말입니다. 예수님이 말씀하신 "이는 구원이 유대인에게서 남이라"요 4:22는 유다의 후손으로 오신 예수님으로 말미암아 구원이 이루어지는 것을 예수님이 이렇게 표현하신 것입니다.

예배 장소 제한 해제

예수님은 사마리아 여자를 향해 "아버지께 참되게 예배하는 자들은 영과 진리로 예배할 때가 오나니 곧 이때라"라며 "아버지께서는 자기에게 이렇게 예배하는 자들을 찾으시느니라" 요 4:23 라고 하셨습니다. 그리심산과 예루살렘 예배를 언급할 때 없던 참된 예배가 등장합니다. 아버지께 참되게 예배하는 자들은 영과 진리로 예배할 때가 오나니 곧 이때라며 교회 설립이 임박했음을 예수님은 고지하셨습니다.

여기서 이렇게 예수님이 예언하신 것처럼 마가 요한의 다락방에 성령이 임하면서 교회는 세상 가운데 그 모습을 마침내 드러냈습니다. 하나님이 택한 그의 백성들은 지금 세계 어디에 있든 예수님이 세우신 교회에 모여 "하나님은 영이시니 예배하는 자가 영과 진리로 예배할지니라"라는 말씀을 따라 영과 진리로 하나님을 예배하고 있습니다.

예수님이 그날 거기서 그리심산과 예루살렘으로 한정된 예배 장소의 제한을 풀어 주셨습니다. 만약, 예수님이 야곱의우물에서 그리심산에 있는 사마리아 성전과 예루살렘 성전으로 한정되어 있던 예배 장소 제한을 풀어 주시지 않았다면, 오늘 어쩔 뻔했나 싶습니다. 만약 그날 거기서 예수님이 이 제한을 풀어 주시지 않았다면, 어쩌면 우리는 지금 거리와 상관없이 예배하러 예루살렘으로 가야 했을지 모릅니다. 매주 못 가면 일 년에 몇 차례라도 가야 했을지 모릅니다. 세계 어디든 교회가 세워지는 곳에서 구원받은 성도들이 함께 모여 영과 진리로 하나님을 예배할 수 있는 것은 큰 은혜요 복입니다.

2013년 성경지리연수 때 야곱의우물을 두 번이나 간 이유가 있습니다. 그해 나를 그곳으로 이끈 감동의 키가 있습니다. 바로 그리심산과 예루살렘으로 한정된 예배 장소 제한을 풀어 주신 예수님을 거기서 만났습니다. 그해 야곱의

예루살렘 성안입니다.
photo by Cho Hyunsam

우물에서 사마리아 여인과 예수님이 나눈 대화 속에서 '교회를 세우기 위한 사전 작업을 예수님은 지금 여기서 하셨구나' 하는 감동을 받았습니다.

주님이 이렇게 준비하신 교회는 서서히 그 모습을 세상 가운데 드러냈습니다. 마가 요한의 다락방에 주님이 꿈꾸시고 주님이 계획하신 교회가 세워졌습니다. 예루살렘에 예루살렘교회가 세워졌습니다. 안디옥에 안디옥교회가 세워졌습니다. 주님이 세운 교회로 사람들은 모였습니다. 하나님이 부르신 사람들이 교회로 모였습니다. 하나님은 믿는 자들을 교회로 모았습니다. 그들은 교회로 모여 영과 진리로 하나님을 예배했습니다. 그들은 모여 뜨겁게 기도했습니다. 그들은 모여 사랑으로 교제했습니다.

　노파심에 한마디 덧붙입니다. 예수님이 그리심산과 예루살렘으로 한정되었던 장소 제한을 풀어 주신 것을 예배를 위해 모이지 말라거나 모이지 않아도 된다는 것으로 오해하는 일은 없어야 합니다. 이 말씀은 그리심산이나 예루살렘이 아니라 전 세계 어디든 교회가 세워지는 그곳에 모여 예배할 날이 올 것을 두고 예수님이 하신 말씀입니다.

　성경은 "모이기를 폐하는 어떤 사람들의 습관과 같이 하지 말라"히 10:25 라고 엄히 명합니다. 함께 모이기를 폐하는 어떤 사람들이 있습니다. 이런 사람들은 기독교 2,000년 역사에 계속 있었습니다. 하나님은 성경을 통해 우리에게 그들과 같이 하지 말며 "그날이 가까움을 볼수록 더욱 그리하자"히 10:25 고 권하고 있습니다. 우리는 더욱 모여야 합니다.

　우리는 우리에게 교회를 세워 주신 예수님께 감사하며 그분의 뜻을 따라 오늘도 주일이면 교회에 모여 영과 진리로 하나님을 예배하고 평일에는 삶의 현장에서 빛과 소금으로 살고 있습니다.

헤르몬산에 있는 마을입니다.
사진 뒤쪽이 눈 덮인 헤르몬산입니다.

photo by Cho Hyunsam

chapter 6

흘려보내는 교회

빌립보 가이사랴
흘려보내는 샘,
마르지 않는 교회

하늘
힘
교회

흘려보내는교회

2006년부터 거의 매년 성경지리연수 때마다 찾는 곳이 있습니다. 가도 가도 또 가고 싶은 곳입니다. 풍광이 뛰어나 그렇다면 몇 번은 이해가 돼도 열 번 넘게 매번 가기는 쉽지 않을 것입니다. 갈 때마다 새로운 변화가 있다면 이렇게 하는 것도 이해될 수 있습니다. 그러나 그곳은 처음 그곳을 찾았을 때가 지금이나 변한 게 없습니다. 그대로입니다.

지나가는 길에 잠시 들르는 것도 아닙니다. 일부러 갑니다. 휙 둘러보고 나오면 10분이면 되는 곳입니다. 그럼에도 그곳에서 몇 시간을 보내는 것이 다반사입니다. 앞으로 성경지리연수를 가도 이것은 변하지 않을 것 같습니다.

이제 그곳을 여러분과 함께 가려고 합니다. 왜 그렇게 제가 그곳을 찾아가는지, 그곳에서 어떤 감동을 받았기에 그러는지, 그것을 나누려고 합니다.

예수님이 제자들을 데리고 빌립보 가이사랴를 가신 적이 있습니다. 예수님의 사역 베이스캠프인 가버나움에서 헤르몬산을 향해 산길을 올라가야 하는 여정입니다.

출발하실 때까지 예수님은 별다른 말씀이 없었습니다. 빌립보 가이사랴 지방에 이르러 예수님은 베드로에게 "사람들이 인자를 누구라 하느냐"마 16:13 하고 물으셨습니다. 베드로는 가볍게 자신이 아는 대로 "더러는 세례 요한, 더러는 엘리야, 어떤 이는 예레미야나 선지자 중의 하나라 하나이다"마 16:14라고 대답했습니다. 베드로의 대답 속에서 당시 사람들이 예수님에 대해 어떻게 생각하고 있었는지를 엿볼 수 있습니다. 예수님은 자신에 대한 사람들의 평가에는 별 반응을 보이지 않으셨습니다.

베드로의 대답을 들은 예수님은 이번에는 제자들을 향해 "너희는 나를 누구라 하느냐"마 16:15라고 물으셨습니다. 제자들에게 물었는데, 베드로가 "주는 그리스도시요 살아 계신 하나님의 아들이시니이다"마 16:16라고 대답했습니다. 베드로의 적극적인 성향이 여기에서도 그대로 나타납니다. 베드로의 말을 들은 예수님은 반색을 하시며 "바요나 시몬아 네가 복이 있도다" 하며 "이를 네게 알게 한 이는 혈육이 아니요 하늘에 계신 내 아버지시니라"마 16:17라고 말씀하셨습니다. 흥분하신 예수님이 느껴지는 대목입니다.

베드로가 한 대답의 핵심은 "예수님은 메시아"입니다. 메시아משׁיח는 히브리어이고 그리스도Χριστός는 헬라어입니다. 같은 말입니다.

예수님을 향해 메시아라고 고백하는 것은 참으로 놀라운 일입니다. 당시 이스라엘 사람들은 메시아를 대망하고 있었습니다. 그래서 누가 조금이라도 뛰어나 보이면 저 사람이 메시아인가 하여 주목하곤 했습니다. 한때 세례 요한

예수님이 제자들을 데리고
빌립보 가이사랴를 가신 적이 있습니다.
예수님의 사역 베이스캠프인 가버나움에서
헤르몬산을 향해 산길을 올라가야 하는 여정입니다.

photo by Cho Hyunsam

눈 덮인 헤르몬산입니다.

도 사람들에 의해 메시아로 주시받았습니다. 그가 적극적으로 나서 '나는 메시아가 아니다'라고 하면서 그 주목에서 벗어날 수 있었습니다. 당시 메시아가 나셨다는 뉴스는 그야말로 톱기삿거리입니다.

예수님은 메시아입니다. 그런데 사람들은 예수님을 메시아로 인정하지 않았습니다. 예수님이 십자가에 달려 죽은 이유도 자신을 메시아라고 했다고 해서입니다. 그 정도로 메시아 여부는 중요한 문제입니다. 오늘 우리는 너무 자연스럽게 예수는 그리스도라고 부르고 있어 베드로가 예수님을 향해 그리스도라고 한 것에 별로 놀라지 않습니다. 이것은 당시로 아주 깜짝 놀랄 일입니다. 예수님을 만난 사람들은 크게 둘로 나뉩니다. 예수를 메시아로 인정하고 받아들인 사람과 예수가 그리스도인 것을 부정하고 거부한 사람으로 나누어집니다. 예수를 믿는 것의 핵심은 '예수님이 메시아인 것을 내가 믿는다'는 것입니다.

우리는 베드로가 예수님께 대답한 것을 베드로의 신앙 고백이라고 합니다. 이것이 신앙 고백의 핵심입니다. 예수님을 성인으로 인정하는 것, 고마운 일입니다. 예수님을 세계 4대 성인 중 한 분으로 인정하는 것도 감사한 일입니다. 예수님을 선지자 중의 한 사람으로 인정하는 것도 틀린 것은 아닙니다. 그러나 이런 사람들을 예수 믿는 사람이라고 하지는 않습니다. 예수님에 대해 호의적인 사람이라고 할 수 있지만, 그들을 예수 믿는 사람이라고 하지는 않습니다. 예수를 향한 신앙 고백의 핵심은 예수가 그리스도라고 인정하는 것입니다.

예수님은 사람들이 자신에 대해 하는 말에는 별 반응을 보이지 않으셨습니다. 그러나 예수님을 향해 그리스도라고 하는 베드로의 고백에 "바요나 시몬아, 네가 복이 있도다"라고 바로 선포하셨습니다. 예수님은 베드로가 예수님이 메시아인 것을 안 것은 사람으로 말미암은 것이 아니라 하늘에 계신 하나님이 알려 주신 것이라고 하셨습니다. 오늘 우리가 예수님을 메시아로 믿고 "예수는 그리스도"라고 고백하는 것은 하늘에 계신 하나님이 알게 해 주신 결과입니다.

예수님은 베드로의 이 고백을 들으시고 마음속 깊이 간직하고 있던 것을 꺼내 놓으셨습니다. 예수님은 베드로에게 "너는 베드로라 내가 이 반석 위에 내 교회를 세우리니 음부의 권세가 이기지 못하리라"마 16:18 하며 교회 설립에 대한 예수님의 복안을 꺼내 놓으셨습니다. "예수님은 메시아"라는 베드로의 신앙 위에 교회를 세우시겠다고 하셨습니다. 예수가 그리스도라는 믿음은 교회의 반석입니다. 교회의 기초석입니다.

예수님이 이 세상에 오실 때 목적하신 두 가지가 있습니다. 하나는 하나님이 택한 백성들을 구원하는 것입니다. 그들의 죄를 속량하시고 그들을 죄에서 건져 의의 나라로 옮기러 예수님은 오셨습니다. 또 하나는 이렇게 구원한 사람들을 위한 공동체를 만드는 것입니다. 하나님의 계획은 그의 자녀들을 구원해 바로 천국으로 데려가는 것이 아니었습니다. 그들을 이 세상에서 구원받은 자로 살게 하다 때가 되면 천국으로 불러 가시는 것이 하나님의 계획이었습니다. 이를 위해서는 예수 믿고 구원받은 성도들의 공동체가 세상에 필요했습니다. 예수님은 그 공동체 이름을 '교회'라고 명명하셨습니다.

교회를 신약성경을 기록한 헬라어로 에클레시아 ἐκκλησία라고 합니다. 에클레시아는 '…부터'를 의미하는 '에크ἐκ'와 '부르다'는 의미의 '칼레오καλέω'가 합성된 단어입니다. 에클레시아는 이 두 단어의 뜻을 합쳐 세상으로부터 불러낸 자들의 모임이라는 의미를 지니고 있습니다. 여기서 교회는 건물이 아니라 사람이라는 말이 나온 것입니다. 우리는 교회와 교회당을 구분해서 사용합니다.

"예수님이 이 세상에 오실 때 목적하신 두 가지가 있습니다.
하나는 하나님이 택한 백성들을 구원하는 것입니다.
그들의 죄를 속량하시고 그들을 죄에서 건져
의의 나라로 옮기러 예수님은 오셨습니다."

photo by Cho Hyunsam

빌립보 가이사랴에서 흘러나온 물이 이렇게 흘러갑니다.
빌립보 가이사랴는 요단강의 발원지 중 하나입니다.

photo by Cho Hyunsam

교회는 하나님이 세상으로부터 불러낸 자들, 곧 성도들입니다. 교회당은 그 성도들이 모여 하나님을 예배하며 교제하는 공간입니다.

에클레시아는 예수님이 만드신 단어는 아닙니다. 자료를 보면 주전 5세기 전부터 도시의 시민 전체의 대중 집회를 에클레시아라고 부르기도 했습니다. 일반적으로 사용하던 단어도 그 단어에 의미를 담아 선언하면 새로운 단어가 됩니다. 에클레시아가 그런 예입니다. 예수님은 이 세상에 있는 예수 믿고 구원받은 성도들의 신앙 공동체 이름을 에클레시아라고 명명하셨습니다. 이후로 에클레시아는 이 세상에 있는 예수를 그리스도로 믿는 사람들의 신앙 공동체를 가리키는 교회로 그 의미가 굳어졌습니다.

성경에서 교회라는 말을 처음 쓰신 분은 예수님입니다. 복음서에 에클레시아가 두 번 나오는데 다 예수님의 입에서 나왔습니다. 복음서에서 사도행전으로 넘어가면 교회가 쏟아져 나옵니다. 사도행전에서 애굽에서 나와 광야를 지나고 있는 이스라엘 백성들을 광야교회라고 표현했습니다.

이 영향을 받아서 그런지, 히브리어로 기록된 구약성경을 신약성경을 기록한 언어인 헬라어로 번역한 70인경에서는 구약성경에 등장하는 하나님의 부름에 응답한 회중들이나 그들의 모임인 집회를 묘사하는 히브리어 카할(카할)을 헬라어 에클레시아(ἐκκλησία)로 번역했습니다.

에클레시아는 신약성경에 빌립보 가이사랴에서 예수님이 하신 말씀 속에 처음 나옵니다. 세상에 없던 교회를 세우시려는 복안을 예수님은 빌립보 가이사랴에서 제자들에게 꺼내 놓으셨습니다.

우리에게는 교회가 익숙합니다. 교회는 우리가 어렸을 때도 있었고 지금도 있습니다. 우리를 기준으로 하면 교회는 늘 있었습니다. 그러나 우리가 알듯이 이스라엘 백성들은 성전에서 하나님을 예배했습니다. 유대인들은 회당을 중심으로 모였습니다. 성전과 회당, 예수님 당시는 이것이 다였습니다.

이런 중에 예수님이 교회 설립을 선언하셨습니다. 이 선언을 들은 베드로를 비롯한 제자들도 많이 놀랐을 것입니다. 지금은 예수님의 이 선언대로 우리나라를 비롯해 전 세계에 교회가 세워졌습니다. 복음이 전해지는 곳마다 교회가 세워졌습니다. 지금 이 시간에도 세계 각처에서 계속 교회가 세워지고 있습니다. 이 놀라운 일이 지금은 일상이 되었습니다.

예수님은 교회를 세우십니다. 교회를 세우는 것은 예수님의 뜻입니다. 오늘도 우리는 주님이 교회를 세우시는 일에 수종을 듭니다. 예수 믿는 우리는 주님과 함께 교회를 세우는 사람들입니다. 교회를 새로 세우기도 하고 세워진 교회를 견고하게 세우기도 합니다. 우리는 마음으로, 말로, 행동으로 교회를 세웁니다. 우리는 교회를 헐지 않습니다. 교회를 허는 말을 우리 입밖으로 내지 않습니다. 우리는 교회를 허는 일은 하지 않습니다. 교회를 세우는 것이 우리 주님의 뜻인 줄 알기 때문입니다.

내가 내 교회를

예수님은 베드로에게 "너는 베드로라"라며 "내가 이 반석 위에 내 교회를 세우리니 음부의 권세가 이기지 못하리라"라고 하셨습니다. 예수님은 교회를 '내가' 세우겠다고 하시며 '내 교회'라고 하셨습니다. 교회를 세우는 주체를 예수님은 '나'라고 하셨습니다. 교회는 사람이 개척하는 것 같지만, 교회는 예수님이 세우십니다. 예수님은 내가 내 교회를 세우겠다고 하셨습니다. 교회를 개척할 때 내가 개척하는 것으로 생각하기 쉽습니다. 마치 우리가 예수님을 믿은 것 같지만 하나님이 우리로 예수님을 믿게 하신 것처럼 우리가 교회를

사진에서 보는 것처럼 돌산입니다.
그 반석에서 물이 흘러나와 이렇게 흐릅니다.
여기가 빌립보 가이사랴입니다.

photo by Cho Hyunsam

개척하는 것 같지만, 하나님이 우리로 교회를 개척하게 하십니다.

교회를 개척하는 목사님들은 기억해야 합니다. 내가 교회를 세우는 것이 아니라 주님이 교회를 세우십니다. 개척의 주체는 예수님입니다. "내가 교회를 개척해 10년째 담임하고 있습니다." 이 말은 "주님이 나를 통해 교회를 개척해 10년을 담임하게 하셨습니다"로 바꿔야 합니다. 그 말이 그 말 같지만, 차이가 큽니다. 주님이 나를 통해 주님의 교회를 세우는 것이 교회 개척입니다.

내 교회를 세우리라는 예수님의 말씀은 교회의 주인은 예수님이라는 선언

헤르몬산에서 흘러나온 물은 수천 년 동안 마르지 않고 오늘도 계속 이렇게 흐르고 있습니다.

photo by Cho Hyunsam

입니다. 이것은 우리가 교회를 주님의 교회라고 하는 근거입니다. 우리는 겸허하게 고백해야 합니다. "우리 교회는 주님의 것입니다."

아마 이 내용을 모르는 그리스도인은 거의 없을 것입니다. 그리스도인 중 누구도 교회를 아무개 것이라고 생각하는 사람은 없습니다. 다 교회는 주님의 것이라고 알고 그렇게 말합니다. 저도 마찬가지입니다. 저에게는 교회가 주님의 것이라는 머릿속에 있던 지식이 온몸으로 전해진 경험이 있습니다. 그것을 같이 나눴으면 합니다.

청년 시절 저는 제가 저의 믿음을 지켜야 하는 줄 알았습니다. 그때 저는 저의 믿음을 지키기 위해 참 모진 애를 썼습니다. 날마다, 기도할 때마다 빼놓지 않고 마지막까지 믿음을 지키게 해 달라고 했습니다. 어떤 일이 있어도 믿음은 지켜야 한다는 생각이 저에게 너무 큰 짐이었습니다. 나중에는 예배 시간에 어금니를 물고 예배를 드려야 했습니다. 예배를 드리다 어느 순간 벌떡 일어나 예수를 부인하고 예배당을 뛰쳐나갈지도 모른다는 생각이 저를 눌렀기 때문입니다. 그러면 그럴수록 더욱 기도했습니다. 철야했습니다. 교회에서 봉사도 열심히 했습니다. 그것도 믿음을 지키는 한 일환이었습니다.

그러나 시간이 지나면 지날수록 저는 저의 믿음을 지킬 수 없을지도 모른다는 생각을 하게 됐습니다. 앞으로 살아야 할 날이 수십 년인데 그 많은 날 동안 믿음을 지킬 자신이 없었습니다. 잘하다가도 어느 순간 믿음을 지키지 못해 저 지옥의 나락으로 떨어지면 어쩌나 생각하면 온몸에 맥이 다 빠져나갔습니다. 차라리 지금 내가 믿음을 지키고 있을 때 죽었으면 좋겠다는 생각까지 했습니다.

그러나 지금 저에게는 더 이상 이런 두려움과 중압감이 없습니다. 진리를 깨달았기 때문입니다. '내 믿음은 내가 지키는 것이 아니라 하나님이 지켜 주신다'라는 사실을 깨달았기 때문입니다. 이것을 깨달은 날의 그 환희와 기쁨은 지금도 잊을 수 없습니다. 성경을 통해 '내가 예수님을 믿은 것이 아니라 하나님이 나를 예수 믿게 하셨다'는 사실을 깨달은 겁니다.

저를 예수 믿게 하신 하나님은 세상 끝날까지 저와 함께하시며 저의 믿음을 지켜 주시는 분입니다. "아, 내 믿음은 내가 지키는 것이 아니로구나. 내 믿음은 내게 믿음을 주신 하나님이 지켜 주신다. 믿게 하신 하나님이 나의 믿음을 끝까지 지켜 주실 것이다. 오, 할렐루야!" 이날 이후 저는 이 부분에서는 자유와 기쁨을 만끽하며 살고 있습니다. '내 믿음은 내가 지킬 수 없다'는 사실을 인정하고 '내 믿음을 내가 지켜야 한다'는 압박감에서는 벗어났습니다.

그러나 '교회는 여전히 내가 지켜야 한다'고 생각하고 있었습니다. 1992년 3월 28일 주님이 서울광염교회를 개척해 11년째 담임하도록 하던 2003년 5월까지도 저는 "교회를 내가 잘 지켜야 한다"며 "내 모든 것을 다 포기하고라도 교회는 지켜야 한다"고 스스로 다짐했습니다. 그러던 제게 하나님의 은혜가 임했습니다. 그 과정은 당시 쓴 다음 글에 있습니다.

어젯밤입니다. 이라크를 다녀온 봉사단을 영접하고 공항에서 돌아오는데 전화 한 통이 걸려왔습니다. 남편이 너무 많이 어려워하는데 아무래도 목사님이 한번 만나 줘야 할 것 같다는 성도의 전화였습니다.

자정이 되어서 비전하우스에 마주 앉았습니다. 내외의 어려움과 아픔을 들었습니다. 내용은 하나님을 신뢰하고 맡기느냐 못 맡기느냐의 문제였습니다. 믿고 맡기면 간단한 문제인데 그게 되지 않음으로 집이 무너질 정도로 한숨짓고 있는 상황이었습니다. 그 내외 얘길 듣고 있는데 주님이 저에게 이건 저들의 문제가 아니라 네 문제라는 마음을 주셨습니다.

그러면서 이어 주신 마음이 있습니다. "네가 지금까지 서울광염교회를 지켜왔느냐 네가 지켰니?" 얼른 아니라고 말씀드렸습니다. "그럼 누가 지켰냐?" 서둘러 "그야 하나님이 지키셨지요"라고 대답했습니다. "그래, 내가 지켰다. 내가 세운 내 교회 내가 지켰다. 그런데 넌 왜 네가 지키려고 하냐. 네가 지킬 수나 있냐? 지금까지 11년도 내가 지켰고 앞으로도 내가 지킨다. 나한테 맡겨. 앞에 앉은 성도 내외에게만 나한테 맡기라고 그러지 말고 너도 맡겨. 너 지금 마태복음 강해를 하고 있지? 얼마 전에 강해한 걸 잊은 건 아니지. 내가 베드로에게 뭐라고 했니? 내가 이 반석 위에 내 교회를 세우리니 음부의 권세가 이기지 못하리라. 기억나지. 내 교회야. 내 교회는 내가 지켜. 네가 음부의 권세를 막을 수 있니? 너는 할 수 없어. 너 보고 하라고도 하지 않아. 내 교회는 내가 지켜. 내 교회를 음부의 권세가 이기지 못하도록 내가 지킬 거야." 나는 PDA를 꺼내 [내 교회는 내가 지킨다]고 적었습니다. 새벽 2시가 가까운 시간에 앞에 앉은 내외에게 우리 같이 하나님 앞에 맡기자고 했습니다.

그 후부터 오늘까지 근 20여 년을 성도들과 그 밤에 하나님이 주신 마음을 나누고 있습니다. "사랑하는 성도 여러분, 주님이 내 교회는 내가 지키시겠답니다. 맘 놓으세요. 우리 교회는 주님의 교회입니다. 이제 저는 서울광염교회를 지키는 것을 내려놓습니다. 할 수도 없는 일을 해야 한다는 중압감에서 주님이 저를 건져 주셨습니다. 주님은 말씀하십니다. 내 교회는 내가 지킨다!"
우리는 예수님이 교회설립선언서에 넣어 주신 "음부의 권세가 이기지 못하리라"를 주목합니다. 교회는 예수님이 세우십니다. 교회를 헐고 무너뜨릴 수 없는 이유는 교회를 예수님이 세우셨고 지금도 세우시기 때문입니다. 지난 2000년 동안 교회를 헐려고 하는 얼마나 많은 시도가 있었는지 모릅니다. 그

시도는 지금도 세계 각처에서 계속되고 있습니다. 그러나 교회는 무너지지 않았습니다. 교회는 세상이 헐 수 없습니다. 교회를 세우신 분이 예수님이시기 때문입니다. 예수님이 세우신 예수님의 교회는 음부의 권세가 이기지 못합니다. 교회를 세우신 예수님은 교회를 지키십니다.

천국 열쇠

예수님이 교회설립선언을 하시며 베드로에게 큰 선물을 주셨습니다. 천국 열쇠를 주셨습니다. 예수님은 베드로에게 "내가 천국 열쇠를 네게 주리니"라며 "네가 땅에서 무엇이든지 매면 하늘에서도 매일 것이요 네가 땅에서 무엇이든지 풀면 하늘에서도 풀리리라"마 16:19라고 하셨습니다. 세상에, 천국 열쇠를 주시다니, 놀라운 일입니다.

예수님이 천국 열쇠를 베드로에게 주셨습니다. 이것을 천국 열쇠를 베드로에게만 주신 것으로 오해하는 경우가 있습니다. 이때 베드로의 자격은 예수님이 세우신 교회 구성원들의 대표입니다. 베드로에게 예수님이 천국 열쇠를 주시겠다는 것은 곧 예수님이 세우실 교회 구성원들에게 천국 열쇠를 주시겠다는 것입니다. 예수를 그리스도로 믿고 고백하는 교회의 구성원들에게 예수님은 천국 열쇠를 주셨습니다.

성도에게 하나님은 참으로 놀라운 권세를 많이 주셨습니다. 죄를 사하는 권세도 주셨습니다. 천국 열쇠도 주셨습니다. 이 글을 읽는 당신이 예수를 그리스도로 믿는다면, 당신에게 예수님이 주신 천국 열쇠가 있습니다. 그 열쇠가 어디 있는지, 그 열쇠를 어떻게 하고 있는지 잠시 살펴보는 것도 유익한 시간이 될 것입니다.

헤르몬산에서 물이 솟아 나와 이렇게 흐릅니다.

photo by Cho Hyunsam

천국 열쇠를 주시며 예수님은 "네가 땅에서 무엇이든지 매면 하늘에서도 매일 것이요 네가 땅에서 무엇이든지 풀면 하늘에서도 풀리리라" 마 16:19 라고 하셨습니다. 이 말씀을 보면 천국 열쇠를 사용하는 곳은 의외로 땅입니다. 천국 열쇠는 목에 잘 걸고 있다 죽은 다음에 천국 들어갈 때 사용하는 것이 아닙니다. 천국 열쇠는 이 땅에 살면서 지금 여기서 사용하는 것입니다. 땅에서 무엇이든지 매면 하늘에서도 매일 것이라는 예수님의 말씀은 지금 여기 땅에서 무엇이든지 잠그면 하늘에서도 잠길 것이라는 의미입니다. 지금 무엇이든지 풀면 하늘에서도 풀리리라는 말씀은 지금 여기 땅에서 무엇이든지 열면 하늘에서도 열릴 것이라는 의미입니다.

주님이 세우실 교회 구성원인 우리에게는 천국 열쇠가 있습니다. 천국 열쇠를 받은 것도 의미 있는 일입니다. 천국 열쇠를 가지고 있는 것도 의미 있는 일입니다. 그러나 천국 열쇠는 보관용도 소장용도 아닙니다. 천국 열쇠는 사용하라고 주신 것입니다. 천국 열쇠는 사용할 때 진가가 나타납니다. 천국 열쇠를 지금 여기서 사용하면, 지금 여기서 우리는 천국을 살 수도 있습니다. 천국 열쇠를 받은 우리는 사용해야 합니다.

천국 열쇠_성경

천국 열쇠가 무엇일까. 다양한 해석과 다양한 적용이 있을 수 있습니다. 천국 열쇠는 성경입니다. 성경은 천국을 여는 키입니다. 성경은 이 땅에서 천국을 열고 천국을 사는 키입니다. 성경대로 하는 것은 이 땅에서 천국 키로 천국을 여는 것입니다. 성경대로 하는 것은 천국을 열고 여기서 천국을 사는 것입니다.

골란고원에 있는 피스 비스타 전망대에서 바라본
갈릴리 호수입니다.

photo by Cho Hyunsam

원문을 보면 천국 열쇠에서 열쇠가 복수입니다. '천국 열쇠'가 아니라 '천국 열쇠들'입니다. 성경 안에는 다양한 천국 키가 있습니다. 가정을 천국으로 만드는 키가 있습니다. 남편이 예수님이 교회를 사랑하신 것처럼 아내를 사랑하는 것은 가정을 천국으로 만드는 천국 키입니다. 아내가 남편에게 순종하는 것도 천국 키입니다. 직장을 천국으로 만드는 키가 있습니다. 사람과의 관계를 천국으로 만드는 키가 있습니다. 원수 없는 세상에서 살게 하는 천국 키가 있습니다. 용서하는 것도 천국 키입니다. 누군가를 미워하지 않고 살게 하는 천국 키가 있습니다. 사랑하는 것도 천국 키입니다. 예수님은 교회의 구성원인 우리에게 다양한 천국 키를 주셨습니다. 그 키로 열면 천국입니다. 그러면 사는 게 천국입니다.

성경에 천국 키가 다양하게 나와 있지만, 우리가 항상 그 키를 사용하기로 결정하는 것은 아닙니다. 우리의 감정이 앞서서, 우리의 마음이 힘들어 그것이 천국 키가 아닌 줄 알면서 그대로 할 때가 있습니다. 이런 때는 성령님께 천국 키를 사용할 수 있게 해 달라고 도움을 청해야 합니다.

천국 열쇠_결정

천국 열쇠는 결정입니다. 어떤 결정을 하느냐에 따라 천국을 살 수도 있고 지옥을 살 수도 있습니다. 우리의 결정은 여는 결정이어야 합니다. 매는 결정이 아니라 푸는 결정이어야 합니다. 천국을 여는 결정, 천국을 사는 결정이어야 합니다. 용서하지 않기로 결정하는 것은 매는 결정입니다. 용서하기로 결정하는 것은 푸는 결정입니다. 미워하기로 결정하는 것은 매는 결정입니다. 사랑하기로 결정하는 것은 푸는 결정입니다.

바울은 교회와 예수님의 관계를 몸 된 교회와 교회의 머리라고 했습니다. 머리는 결정합니다. 몸은 머리의 결정을 따릅니다. 예수님이 몸 된 교회의 머리라는 말은 예수님이 교회의 결정권자라는 의미입니다. 교회의 구성원인 우리는 어떤 결정을 할 때마다 그것이 본인의 결정이 아니라 주님의 결정이어야 합니다. 이 상황에 주님의 결정은 무엇일까 늘 체크해야 합니다. 자신의 기분이나 감정보다 주님의 결정을 우선해야 합니다. 그래야 천국을 지금 여기서 살 수 있습니다.

결정 가운데는 성경에 나와 있지 않은 결정도 있습니다. 사랑할 것인가 미워할 것인가는 고민할 것이 없습니다. 성경에 명확하게 그 결정이 나와 있습니다. 그러나 내가 사업을 할지 직장 생활을 할지에 대한 결정은 성경에 나와 있지 않습니다. 이것도 좋은 일이고 저것도 좋은 일인데, 그중 하나를 선택해야 하는 경우도 있습니다. 이런 경우 우리는 주님께 결정해 주시라고 올려드리고 그 결정을 기다려야 합니다.

주님의 결정은 때로 우리 마음의 평안으로 전달되기도 합니다. 주님의 결정은 그 주 설교를 통해 전달받기도 합니다. 주님의 결정은 사람의 입을 통해 우리에게 전달되기도 합니다. 주님의 결정은 막힘과 열림을 통해 우리에게 전달되기도 합니다.

교회는 천국이어야 합니다. 교회의 구성원인 우리의 삶은 천국이어야 합니다. 교회에서 천국을 경험해야 합니다. 교인인 우리는 천국을 날마다 살아야 합니다. 교회는 미움과 다툼과 분쟁이 없는 천국이어야 합니다. 이것은 또한 교회의 구성원인 우리의 삶이 되어야 합니다. 이를 위해 주님이 세우신 교회 구성원인 우리는 모두 천국 키를 적극적으로 사용해야 합니다.

빌립보가 이 도시 이름을 빌립보 가이사랴라고 이름 짓기 전까지 바니아스로 불렸습니다.
바니아스는 그곳에 살던 헬라인들이 섬기던 신 이름 판(Pan)에서 유래했습니다.
판은 그리스 신화에 제우스의 손자며 사람의 상체와 염소의 하체를 갖고 있는 신으로 등장합니다.
판(Pan)신의 이름에서 패닉(Panic)이라는 영어 단어가 생겼습니다.
사진은 빌립보 가이사랴에 있는 판 신전터입니다.

photo by Cho Hyunsam

교회설립선언 장소, 빌립보 가이사랴

예수님이 교회 설립을 선언하신 곳이 빌립보 가이사랴입니다. 어느 나라가 독립 선언을 할 때, 식당이나 찻집에서 하지는 않습니다. 독립 선언을 하기에 적합한 곳을 찾습니다. 독립 선언의 의미를 살릴 수 있는 그런 장소를 물색합니다. 우리나라가 통일을 선언하게 된다면, 그 선언을 어디서 할지 남북 지도자들이 머리를 맞대고 숙고할 것입니다.

예수님이 교회설립선언을 하신 장소 역시 마찬가지입니다. 빌립보 가이사랴는 예수님이 교회 설립을 선언하기 위해 정한 곳입니다. 예수님은 왜 빌립보 가이사랴를 교회설립선언지로 정하셨을까. 2006년 빌립보 가이사랴에 가기 전까지는 이런 생각 자체를 하지 못했습니다. 그저 예수님이 갈릴리 주변 여러 지역 중에 빌립보 가이사랴에서 교회를 세우실 것을 말씀하셨다 정도로 생각했습니다.

성경지리연수차 빌립보 가이사랴에 갔을 때, 예수님이 교회설립선언지로 이곳을 정하신 예수님의 마음과 뜻이 가슴으로 전해졌습니다. 예수님 당시 빌립보 가이사랴는 우상이 난무했습니다. 그곳에는 그리스 신화에 나오는 판 신전과 로마 황제를 숭배하는 가이사랴 신전이 있었습니다. 예수님은 그곳으로 제자들을 데리고 가셔서 "내가 이 반석 위에 내 교회를 세우리니 음부의 권세가 이기지 못하리라"라고 선언하셨습니다.

베드로의 이름 뜻이 반석입니다. 우리는 이 반석을 '신앙을 고백한 베드로 위에'로 해석합니다. 예수님은 주는 그리스도라는 베드로의 신앙 고백 위에 교회를 세우셨습니다. 또한 우리는 예수님이 교회설립선언을 하신 빌립보 가이사랴가 반석 위라는 사실도 주목합니다. '이 반석'을 예수님이 교회설립선언을 하셨던 빌립보 가이사랴 반석으로도 보고, "내가 여기, 우상의 신전이 세워진

이 반석 위에 내 교회를 세우겠다"는 예수님의 선언으로도 적용합니다.

우리는 예수님이 교회설립선언을 하신 곳, 빌립보 가이사랴를 주목합니다. 그곳은 물이 흘러나오는 곳입니다. 이스라엘 북쪽에 높은 산이 있습니다. 해발 2,814m의 헤르몬산입니다. 이스라엘에는 비가 많이 내리지 않지만, 헤르몬산은 연중 약 1,500mm의 강수량을 기록합니다. 이 물을 헤르몬산이 머금습니다. 헤르몬산의 강수량은 대부분 눈이 차지합니다. 겨울 동안 내린 눈은 초여름까지 녹지 않고 쌓였다가 여름이 되면 서서히 녹습니다. 이렇게 녹은

photo by Cho Hyunsam

눈이 지표면 아래로 스며듭니다. 빌립보 가이사랴는 헤르몬산이 머금은 이 물이 흘러나오는 곳입니다. 물이 흘러나오는데, 샘 수준이 아닙니다. 산 중턱에서 물이 흘러나오는 것을 보면 경이롭습니다.

  예수님은 물이 흘러나오는 그곳에서 교회설립선언을 하셨습니다. 물이 흘러나와 흐르는 빌립보 가이사랴를 예수님은 교회설립선언 장소로 선택하셨습니다. 빌립보 가이사랴에서 물이 흘러나와 흐르는 것을 보는데 에스겔 47장이 떠올랐습니다. 빌립보 가이사랴에서 물이 흘러나와 흐르는 것과 에스겔 47장

촬영하고 또 촬영해도 좋은 곳, 빌립보 가이사랴입니다.
헤르몬산에서 흘러나온 물은 이내 시내를 이루며 흘러갑니다. 이 물이 약 90km(직선거리는 약 40km)를 흘러 갈릴리 호수로 갑니다. 여길 상부 요단강이라고 부릅니다. 갈릴리 호수에서 사해까지 약 260km(직선거리는 약 100km)를 하부 요단강이라 부릅니다. 헤르몬산 기슭 빌립보 가이사랴에서 흘러나온 이 물은 요단강의 중요한 세 근원 중 하나입니다.

의 예언은 너무나도 닮았습니다. 에스겔 47장을 먼저 봅니다.

그가 나를 데리고 성전 문에 이르시니 성전의 앞면이 동쪽을 향하였는데 그 문지방 밑에서 물이 나와 동쪽으로 흐르다가 성전 오른쪽 제단 남쪽으로 흘러내리더라 그가 또 나를 데리고 북문으로 나가서 바깥길로 꺾어 동쪽을 향한 바깥 문에 이르시기로 본즉 물이 그 오른쪽에서 스며 나오더라 그 사람이 손에 줄을 잡고 동쪽으로 나아가며 천 척을 측량한 후에 내게 그 물을 건너게 하시니 물이 발목에 오르더니 다시 천 척을 측량하고 내게 물을 건너게 하시니 물이 무릎에 오르고 다시 천 척을 측량하고 내게 물을 건너게 하시니 물이 허리에 오르고 다시 천 척을 측량하시니 물이 내가 건너지 못할 강이 된지라 그 물이 가득하여 헤엄칠 만한 물이요 사람이 능히 건너지 못할 강이더라 그가 내게 이르시되 인자야 네가 이것을 보았느냐 하시고 나를 인도하여 강가로 돌아가게 하시기로 내가 돌아가니 강 좌우편에 나무가 심히 많더라 그가 내게 이르시되 이 물이 동쪽으로 향하여 흘러 아라바로 내려가서 바다에 이르리니 이 흘러내리는 물로 그 바다의 물이 되살아나리라 이 강물이 이르는 곳마다 번성하는 모든 생물이 살고 또 고기가 심히 많으리니 이 물이 흘러 들어가므로 바닷물이 되살아나겠고 이 강이 이르는 각처에 모든 것이 살 것이며 또 이 강가에 어부가 설 것이니 엔게디에서부터 에네글라임까지 그물 치는 곳이 될 것이라 그 고기가 각기 종류를 따라 큰 바다의 고기 같이 심히 많으려니와 그 진펄과 개펄은 되살아나지 못하고 소금 땅이 될 것이며 강 좌우 가에는 각종 먹을 과실나무가 자라서 그 잎이 시들지 아니하며 열매가 끊이지 아니하고 달마다 새 열매를 맺으리니 그 물이 성소를 통하여 나옴이라 그 열매는 먹을 만하고 그 잎사귀는 약재료가 되리라 겔 47:1-12

에스겔 47장을 보면 성전 문지방 밑에서 물이 나와 흐르기 시작합니다. 우리가 잘 아는 대로 성전은 예수님의 모형입니다. 성전에서 물이 흘러나왔다는 것은 예수로부터 물이 흘러나왔다는 의미입니다. 물의 시작이 성전입니다. 이 물은 성령으로 해석할 수 있습니다. 또한 이 물은 교회로 해석할 수 있습니다. 물의 시작이 성전이라는 말은 교회의 시작이 예수 그리스도라는 의미입니다. 예수로부터 교회가 시작될 것을 하나님은 에스겔 선지자를 통해 예언하신 것입니다.

성전에서 나와 흐르기 시작한 물은 점점 불어났습니다. 발목에 오르던 물이 무릎에 오르고 이내 허리에 오르고 나중에는 사람이 걷지 못할 강이 되었습니다. 물은 점점 불어났습니다. 성전이신 예수로부터 시작된 교회는 점점 불어납니다. 갈수록 물이 불어난 것처럼 예수님이 세우신 교회는 날이 갈수록 늘어났습니다. 교회는 갈수록 부흥합니다.

에스겔은 성전에서 흘러나온 물이 흐르는 강 좌우편에 나무가 심히 많았다고 했습니다. 에스겔은 "이 강물이 이르는 곳마다 번성하는 모든 생물이 살고 또 고기가 심히 많으리니 이 물이 흘러 들어가므로 바닷물이 되살아나겠고 이 강이 이르는 각처에 모든 것이 살 것이며 또 이 강가에 어부가 설 것이니 엔게디에서부터 에네글라임까지 그물 치는 곳이 될 것이라"라고 예언했습니다. 여기 나오는 아라바는 사해의 다른 이름입니다. 여기 나오는 강은 요단강입니다.

빌립보 가이사랴에 흘러나와 흐르는 물은 요단강 발원지 세 곳 중 하나입니다. 하나님은 에스겔을 통해 성전에서 흘러나온 물이 흘러가는 곳마다 번성하고 회복되고 살아날 것이라고 예언하셨습니다. 예수님을 통해 세워질 교회를 통해 어떤 역사가 일어날지를 미리 일러주신 것입니다.

갈릴리 호수에서 빌립보 가이사랴를 향해 올라가면서 이 사실을 현장에서

빌립보 가이사랴에서 흘러나온 물은
이내 폭포를 이루며 요단강을 향해 흘러갑니다.
사진은 빌립보 가이사랴 아래쪽에 있는 바니아스 폭포입니다.

photo by Cho Hyunsam

확인했습니다. 빌립보 가이사랴에서 흐르는 물이 닿는 곳마다 풍성했습니다. 살아 있었습니다. 회복되어 있었습니다. 그곳에는 숲도 무성했고 아름드리나무도 있었습니다. 땅도 비옥했습니다. '아, 이 말씀과 교회 설립이 연결되어 있구나.' 에스겔서 말씀과 빌립보 가이사랴에서 교회 설립을 선언하시는 예수님이 오버랩되면서 전율했습니다. 예수님이 디자인한 교회가 보였습니다. 예수님이 원하시는 교회 모습이 거기 빌립보 가이사랴에 있었습니다.

흘려보내는 교회를 통한 회복, 이것은 예수님의 디자인입니다. 아무리 많이 흘려보내도 교회는 마르지 않습니다. 생수의 근원이신 예수 그리스도로부터 계속 흘러나오기 때문입니다.

에스겔 47장은 교회 설립에 대한 예언입니다. 예수님은 이 예언을 성취하시기 위해 빌립보 가이사랴에서 교회설립선언을 하셨습니다. 빌립보 가이사랴에서 예수님이 교회설립선언을 하신 것은 에스겔 47장의 성취입니다.

저는 빌립보 가이사랴에 가기 전에도 파이프교회 꿈을 꾸었습니다. 교회가 파이프가 되어 예수로부터 흘러나오는 것을 흘려보내는 꿈 말입니다. 예수님이 교회설립선언을 하신 빌립보 가이사랴에 가서, 나는 내가 꿈꾸던 파이프교회가 단순히 나의 꿈이 아니라 교회를 향한 예수님의 꿈임을 확인했습니다.

예수님은 교회가 어떠해야 하는가를 빌립보 가이사랴에서 선명하게 보여주셨습니다. 빌립보 가이사랴에서는 에스겔 때도 물이 흘러나왔습니다. 예수님이 교회설립선언을 하실 때도 흘러나왔습니다. 내가 처음 그곳에 갔을 때도 흘러나왔습니다. 지금도 흘러나오고 있습니다. 빌립보 가이사랴는 그 물을 흘려보내고 있습니다. 에스겔 때부터 지금까지 그 물은 흐르고 있습니다. 누구도 그 물을 가두기 위해 거기다 댐을 만들지 않았습니다. 만약, 흘려보내는 것이 아까워 거기다 댐을 만들었다면, 어쩌면 그 물은 더는 나오지 않았을지 모릅니다. 가둔 물이 늘어나면서 함께 늘어난 수압이 그 물이 더는 나오지 못하게 막았을 수도 있습니다.

"흘려보내는 샘은 마르지 않습니다." 2006년 빌립보 가이샤랴를 다녀와서 교회 홈페이지에 쓴 글 제목입니다. 다음은 그때 쓴 글의 한 대목입니다.

> 흘려보내는교회, 우리가 꿈꾸는 교회입니다. 이것이 단순히 우리의 꿈이 아니라 주님이 원하시는 교회임을 빌립보 가이사랴, 샘이 솟아 흘러나오는 헤르몬산 중턱에서 확인했습니다. 흘려보내는 샘은 마르지 않습니다.

2006년 빌립보 가이사랴를 다녀온 후, 성경지리연수를 갈 때마다 빠지지 않고 그곳을 갑니다. 이제는 눈을 감아도 빌립보 가이사랴가 보일 정도입니다. 이렇게 자주 가는 이유는 교회는 계속 흘려보내야 한다는 것을 다시 한번 확인하기 위해서입니다. 우리 교회 안에 "교회 돈이 닿는 곳마다 살아나고 회복된다"는 말이 회자되고 있습니다. 그 말의 뿌리가 빌립보 가이사랴입니다.

우리는 교회입니다. 우리 한 사람 한 사람이 교회입니다. 교회인 우리는 오늘도 흘려보내고 있습니다. 교회는 물을 저장하는 곳이 아닙니다. 교회는 물이 흐르는 것을 막기 위해 댐을 만드는 곳도 아닙니다. 교회는 흘러나오면 흘려보냅니다. 하나님이 주시면 주시는 대로 흘려보냅니다.

하나님이 교회를 세우셔서 담임목사로 세워 주신 지가 30년입니다. 30년을 흘려보냈습니다. 성전에서 나온 물을 가두지 않고 흘려보냈습니다. 30년을 해보고 하는 말입니다. 흘려보내는 교회는 마르지 않습니다.

헤르몬산 중턱에 있는 빌립보 가이사랴에서 흘러나온 물의 최종 목적지는 사해입니다.
이스라엘에서 촬영한 사해입니다. 사진 맞은편은 요르단입니다.

photo by Kim Chiyoung

06 흘려보내는 교회 205
빌립보 가이사랴 _ 흘려보내는 샘,
마르지 않는 교회

샘
시내
강
바다

　성경지리연수를 하며 깨달은 것이 있다. 바이블랜드 개념으로는 물이 땅에서 솟아오르면 샘이다. 그 물이 잠시라도 흐르면 시내다. 그 물이 계속 흐르면 강이다. 그 물이 모이면 바다다. 오늘 우리의 개념처럼 물의 양이 많고 적고가 시내와 강을 구분하는 기준이 아니다. 오늘과 같이 바다와 호수를 염도를 기준으로 나눈 것도 아니다.

　성경지리연수를 가서 "에게게"라는 반응을 보이는 포인트가 있다. 그중 하나가 요단강 앞에서다. 성경지리연수를 가기 전까지는 요단강을 한강 정도로 생각한다. 우리 개념에 강은 아마 한강쯤으로 들어와 있는 것 같다. 막상 성경지리연수를 가서 요단강에 이르면 많은 경우 "여기가 요단강이냐"라고 되묻는다. 그 규모가 너무 작은 것에 대한 실망스런 반응이 질문에 묻어 있다.

　물론 요단강 물의 양은 출애굽한 이스라엘 백성들이 가나안으로 들어갈 때와 예수님 당시와 지금이 많이 다르다. 현대 이스라엘이 수로를 통해 갈릴리 호수 물을 식수와 각종 용수로 가져다 사용하기 때문에 요단강을 지나 사해로 내려가는 물의 양은 현저히 줄어든 상태다. 그것을 감안해도 그 규모가 너무 작다.

건기 때 요단강을 찾은 이들은 그 실망감이 더 클 수 있다. 비단 요단강만 그런 것은 아니다. 얍복강을 비롯한 대부분의 강이 그렇다. 우리가 가지고 있는 강의 개념을 성경의 강 개념으로 바꾸면 이것은 아무런 문제가 되지 않는다. 계속 흐르면 강이다.

또 하나는 갈릴리 바다이다. 갈릴리는 분명 호수인데 성경에 바다라고 나와 당황한 경험이 아마 누구에게나 다 있을 것이다. 이 역시 바이블랜드의 바다 개념을 이해해야 풀린다. 물이 모이면 바다이다. 그래서 갈릴리 호수를 갈릴리 바다라고 하는 것이다. 성막 앞에 놋으로 된 물을 담아 놓은 기구가 있다. 이 기구 이름이 놋바다이다. 이것을 놋바다라고 한 이유 역시 물이 모여 있기 때문이다.

시내를 조금 더 자세히 살펴보려고 한다. '시내'에 해당하는 헬라어는 '케이말로스$\chi\epsilon$ίμαρρος'다. 이 단어는 추운 겨울을 의미하는 '케이마'와 흐르다를 의미하는 '레오'의 합성어다. '겨울에 흐른다'는 의미다. 참고로 성경의 역사가 펼쳐졌던 땅, 바이블랜드의 겨울은 우기다. 이 단어에는 '겨울에만 흐르는'이라는 의미가 담겨있다.

'시내'에 해당하는 히브리어는 '나할 נחל'이다. 나할은 구약성경에 약 140회 정도 나온다. 나할은 일반적으로 우기에 비가 오면 흐르지만, 우기가 아닐 때는 마른 강바닥이 그대로 드러나 계곡이 되는 시내를 가리킨다.

헬라어 '케이말로스'나 히브리어 '나할'은 보편적으로는 '와디 wady'를 의미한다. '나할'은 상시 흐르는 강을 의미하는 경우도 간혹 있다. 일반적으로 성경에 나오는 시내는 우기 때는 물이 흐르고 평소에는 그 바닥이 드러나는 와디다. 와디를 우리말로 이것이라고 할 단어를 찾기가 어렵다. 조금만 가물어도 이내 물이 마르는 내라는 의미의 건천이 있어 다행이다.

그래서 같은 곳을 우기를 기준으로는 시내, 건기를 기준으로는 골짜기라고 하는 것이다. 기드론 시내와 기드론 골짜기처럼 성경에 나오는 몇 지명이 어떤 때는 시내, 어떤 때는 골짜기로 불리는 이유도 바로 이 때문이다. 성경을 읽다가 같은 지명인데 시내라고 나오면 '아, 우기 때였구나', 골짜기로 나오면 '아, 건기 때구나'라고 생각하면 성경을 이해하는 데 도움이 될 것이다.

갈릴리는 분명 호수인데 성경에 바다라고 나와
당황한 경험이 아마 누구에게나 다 있을 것이다.
이 역시 바이블랜드의 바다 개념을 이해해야 풀린다. 물이 모이면 바다이다.
그래서 갈릴리 호수를 갈릴리 바다라고 하는 것이다.

photo by Cho Hyunsam

chapter 7

임직교회

갈릴리 호숫가

양을 사랑하는
목자와 목자를 따르는
양이 있는 교회

임직교회

예수님이 부활하셨습니다. 예수님은 부활하신 당일 제자들을 찾아가셨습니다. 엠마오로 내려가던 두 제자를 찾아가 그들과 동행하시며 그들에게 부활하신 예수님을 나타내 보이셨습니다. 부활하신 주일 저녁, 예수님은 제자들이 유대인들을 두려워하여 모인 곳으로 제자들을 찾아가셨습니다. 가셔서 "너희에게 평강이 있을지어다"라고 인사를 건네셨습니다.

예수님이 찾아가신 제자들이 모여 있는 장소는 예루살렘에 있는 마가 요한의 다락방입니다. 8일 후에 예수님은 다시 그곳을 찾으셨습니다. 예수님의 첫 방문 때 현장에 없었던 도마가 다른 제자들이 예수님이 다녀가신 이야기를 해도 그는 보지 않고는 믿지 못하겠다고 버텼습니다. 그 도마를 예수님이 찾아가 만나 주셨습니다.

제자들은 그때, 예수님이 도마를 위해 다시 찾아오실 때까지는 예루살렘에 거했습니다. 마태복음은 열한 제자가 갈릴리에 가서 예수께서 지시하신 산에 이르러 예수를 뵈옵고 경배했다고 했습니다. 마태복음에는 부활하신 예수님이 언제 갈릴리로 가셨는지에 대한 언급은 없습니다. 마가복음과 누가복음은 부활하신 후 예수님의 갈릴리 사역을 생략했습니다. 요한복음에는 부활하신 예수님의 갈릴리 사역 하나가 자세히 기록되어 있습니다.

예수님과 제자들이 언제 갈릴리로 갔는지 정확히는 알 수 없습니다. 요한은 예수님이 도마를 만나러 제자들이 있는 곳을 두 번째 방문한 일을 기록한 후에 그 후에 예수께서 디베랴 호수에서 또 제자들에게 자기를 나타내셨다고 했습니다. 이로 미뤄 볼 때 부활하시고 8일 후 어느 때 예수님은 갈릴리로 향하신 듯합니다. 제자들도 예수님과 함께 간 것은 아니지만 역시 그 어간에 갈릴리로 갔습니다.

예수님이 제자들에게 자신을 나타내신 곳은 디베랴 호수입니다. 디베랴 호수는 갈릴리 호수의 또 다른 이름입니다. 그때 예수님의 제자 일곱이 거기 있었습니다. 베드로, 도마, 나다나엘, 야고보, 요한, 다른 제자 둘이 거기 있었습니다. 베드로가 나는 물고기 잡으러 가노라고 할 때 그들이 우리도 함께 가겠다 하고 따라나섰습니다. 날이 새어 갈 때까지 그들은 철야하며 고기를 잡았습니다. 그러나 그날 밤에 아무것도 잡지 못했습니다.

날이 새어 갈 때 예수께서 호숫가에 서셨습니다. 그러나 제자들은 그분이 예수님인 줄 알지 못했습니다. 예수께서 그들에게 너희에게 고기가 있느냐고 물었습니다. 그들은 없다고 대답했습니다. 예수님은 그물을 배 오른편에 던지라며 "그리하면 잡으리라" 하셨습니다. 제자들은 자신들에게 그렇게 말씀하시

photo by Cho Hyunsam

예수님이 제자들에게 자신을 나타내신
디베랴 호수의 저녁입니다.
디베랴 호수는 갈릴리 호수의 또 다른 이름입니다.

photo by Cho Hyunsam

"예수님의 제자 일곱이 갈릴리 호숫가에 있었습니다.
베드로, 도마, 나다나엘, 야고보, 요한, 다른 제자 둘이 거기 있었습니다."

는 분이 누구인 줄 모른 상태로 예수님의 말씀대로 그물을 던졌습니다. 이게 웬일입니까. 물고기가 많아 그물을 들 수 없었습니다.

　요한이 베드로에게 주님이시라 하니 베드로가 벗고 있다가 그 말을 듣고 겉옷을 두른 후에 바다로 뛰어내렸습니다. 다른 제자들은 육지에서 거리가 불과 100여 미터 떨어진 곳이라 작은 배를 타고 물고기 든 그물을 끌고 육지에 올라왔습니다. 제자들이 육지에 올라오니 숯불이 있는데 그 위에 생선이 놓였고 떡도 있었습니다. 예수님이 제자들을 위해 상을 차려 주셨습니다.

　예수님이 제자들에게 지금 잡은 생선을 좀 가져오라 하셨습니다. 베드로가 그물을 육지에 끌어 올렸습니다. 큰 물고기가 153마리나 되었습니다. 그런데도 그물이 끊어지지 않았습니다. 예수님은 그들에게 와서 조반을 먹으라고 하셨습니다. 예수께서 떡을 가져다가 그들에게 주시고 생선도 그와 같이 하셨습니다. 요한은 이것을 보도하며 이것은 예수께서 죽은 자 가운데서 살아나신 후에 세 번째로 제자들에게 나타나신 것이라고 했습니다.

　아침 식사를 마치신 후에 예수님은 베드로에게 "요한의 아들 시몬아, 네가 이 사람들보다 나를 더 사랑하느냐" 하고 물으셨습니다. 베드로가 "주님, 그러하나이다"라며 "내가 주님을 사랑하는 줄 주님께서 아시나이다"라고 대답했습니다. 베드로의 대답을 들으신 예수님은 그에게 내 어린 양을 먹이라고 하셨습니다.

　예수님은 또 "요한의 아들 시몬아, 네가 나를 사랑하느냐"고 물으셨습니다. 두 번째 질문입니다. 베드로는 첫 대답과 같은 말로 대답했습니다. 예수님은 베드로에게 내 양을 치라고 하셨습니다.

　세 번째, 예수님은 또 베드로에게 "요한의 아들 시몬아, 네가 나를 사랑하느냐"고 물으셨습니다. 주께서 세 번째 "네가 나를 사랑하느냐" 하시므로 베드로가 근심하여 "주님 모든 것을 아시오매 내가 주님을 사랑하는 줄을 주님께서 아시나이다"라고 대답했습니다. 예수께서 베드로에게 내 양을 먹이라고 하셨습니다.

  이상은 요한복음 마지막 장에 기록된 부활하신 예수님의 갈릴리 사역입니다. 이 말씀은 우리에게 잘 알려진 말씀입니다. 예수님이 이 말씀을 하신 곳은 갈릴리 해변 북쪽 타부가입니다. 예수님이 제자들을 위해 아침 식사를 준비하신 그곳에 이를 기념하는 교회당이 세워져 있습니다. 그 교회당 강단 앞에는 '주님의 식탁'이라는 팻말이 놓여 있습니다. 예수님이 제자들에게 아침을 대접했다고 알려진 돌 식탁이 거기 있습니다. 주님의 식탁 위에 그 교회당은 세워졌습니다.

부활하신 예수님이 베드로를 비롯한 제자들을 만나셨던 갈릴리 호숫가에 세워진 임직교회당과 갈릴리 호수를 드론으로 촬영한 사진입니다.

photo by Kim Chiyoung

우리는 앞에서 예수님이 이 땅에 오신 목적 둘을 같이 나눴습니다. 하나는 하나님이 택하신 이들을 구원하시는 일입니다. 또 하나는 예수를 그리스도로 믿고 고백하는 이들을 위한 공동체, 곧 교회를 세우는 것입니다. 교회를 세우시기 위해 예수님은 여러 준비를 하셨습니다. 우리는 그중에 둘을 앞에서 살펴보았습니다. 하나는 예수님이 야곱의우물에서 그리심산과 예루살렘으로 한정된 예배 장소의 제한을 풀어 주신 것입니다. 또 하나는 빌립보 가이사랴에서 예수님이 교회설립선언을 하신 것입니다.

여기서 우리는 교회를 세우기 위해 예수님이 하신 세 번째 일을 살펴보려고 합니다. 교회는 에클레시아ἐκκλησία라는 이름에서 보듯이 이 땅에 있는 예수로 구원받은 사람들의 공동체입니다. 구원받은 이들을 위한 교회에 필요한 것이 또 있습니다. 예수님은 갈릴리 호숫가에서 그것을 실행에 옮기셨습니다.

우리가 앞에서 살펴본 대로 예수님은 베드로에게 "네가 나를 사랑하느냐"고 세 번 물으셨습니다. 베드로는 세 번 다 "제가 예수님을 사랑하는 것을 주님이 아십니다"라고 대답했습니다. 네가 나를 사랑하느냐는 예수님의 질문에 베드로는 주님을 사랑한다고 대답했습니다. 베드로가 주님을 사랑한다고 대답할 때마다 예수님이 하신 말씀을 우리는 주목합니다.

예수님은 자신을 사랑한다는 내 어린 양(πρόβατον, 프로바톤)을 먹이라고 하셨습니다. 두 번째는 내 양(ἀρνίον, 아르니온)을 치라고 하셨습니다. 세 번째는 내 양을 먹이라고 하셨습니다. 내 양을 먹이라는 말을 두 번 하셨습니다. 한 번은 내 어린 양, 또 한 번은 내 양을 먹이라고 하셨습니다.

예수님은 주님이 세우실 교회 구성원을 양이라고 하셨습니다. 어린 양도 큰 양도 다 양입니다. 베드로에게 양을 먹이고 양을 치라고 하셨습니다. 예수님은 갈릴리 호숫가에서 베드로를 양인 교회 구성원들의 목자로 임명하셨습니다. 예수님이 교회 구성원인 양들의 목자로 베드로를 임명하시고 그 임직식을 갈릴리 호숫가에서 이른 아침 거행하셨습니다. 우리는 이곳을 베드로임직교회 또는 임직교회라고 부릅니다.

베드로 목자

이 땅에 오신 예수님의 계획에는 교회 설립이 들어 있었습니다. 예수님이 디자인하신 교회는 목자가 있는 교회입니다. 예수님은 교회에 목자를 세워 주셨습니다. 목자이신 예수님이 하늘로 올라가시기 전에 자신을 대신해 교회의 구성원인 성도들을 위한 목자를 세워 주셨습니다. 교회는 예수님의 큰 선물입니다. 또한 교회에 목자를 주신 것도 큰 선물입니다.

사람 중에는 베드로를 예수님이 세상에 세우실 모든 교회의 목자라고 오해하는 경우도 있습니다. 이렇게 오해할까 싶어 베드로는 그의 서신에서 그게 아닌 것을 넌지시 일러주었습니다. 예수님에 의해 목자로 임명받은 베드로는 그의 서신에서 자신을 장로로 소개했습니다.

너희 중 장로들에게 권하노니 나는 함께 장로 된 자요 벧전 5:1a

요한도 요한2서와 요한3서를 쓰며 '장로인 나는'으로 편지를 시작했습니다. 이 말씀을 통해 우리는 베드로와 요한을 비롯한 제자들을 사도라 하기도 하고 장로라 하기도 했음을 알 수 있습니다. 현대 교회 안에는 목사, 전도사, 강도사, 교육전도사, 준목, 군목, 감독, 선교사 등 다양한 이름으로 불리는 목자가 있습니다. 신약성경에는 사도, 선지자, 복음 전하는 자, 목사, 전도자, 교사,

부활하신 예수님이 베드로를 비롯한 제자들을 만나셨던 갈릴리 호숫가입니다.
그곳에는 임직교회당이 있습니다. 베드로수위권교회라고 부르기도 하는데
우리는 베드로임직교회 또는 임직교회라고 부릅니다.
세계 각처에서 많은 이들이 줄지어 찾아오는 곳입니다.

photo by Cho Hyunsam

임직교회당 안을 문밖에서 촬영한 사진입니다.
photo by Cho Hyunsam

장로, 선포자 등으로 불리는 목자가 있습니다.

베드로는 장로라는 이름의 목자들에게 "너희 중에 있는 하나님의 양 무리를 치라"벧전 5:2고 했습니다. 베드로는 그들을 목자라고 했습니다. 베드로는 그들에게 자신이 예수님께 들었던 것처럼 하나님의 양 무리를 치라고 당부했습니다. 베드로는 이들을 향해 권면한 후에 그들을 향해 "그리하면 목자장이 나타나실 때에 시들지 아니하는 영광의 관을 얻으리라"벧전 5:4고 했습니다. 마치 매년 가을 노회 때 있는 목사 임직식을 보는 것 같습니다.

여기서 우리는 주목합니다. 베드로는 자신을 그 교회 목자라고 하지 않았습니다. 또한 그는 자신을 목자장이라고 하지도 않았습니다. 베드로는 예수님을 목자장이라고 했습니다. 맞습니다. 지금도 온 세계 모든 교회의 목자는 예수님입니다. 예수님은 목자의 장입니다. 예수님이 승천하셨어도 여전히 예수님은 교회의 머리이십니다.

사도행전에 예수님이 꿈꾸셨던 교회가 등장합니다. 교회가 세워집니다. 우리가 초대교회라 부르는 예루살렘교회가 세워졌습니다. 예루살렘교회는 베드로가 목자로 임직받고 얼마지 않아 세상 가운데 그 모습을 드러냈습니다. 사도행전 앞부분에서 예루살렘교회가 얼마나 강력하게 복음을 전하며 교회로 세워져 가는지를 보여 주고 있습니다.

예루살렘교회 초대 목자는 누구였을까. 예수님은 베드로를 그 교회 목자로 임직하셨습니다. 그 교회에 열한 제자들이 목자로 함께 사역했지만, 그 교회 대표 목자는 베드로였습니다. 그는 열한 사도인 목자들과 함께 예루살렘교회를 목양했습니다. 오늘로 이야기하면, 베드로는 교역자가 11명이 있는 교회 담임목사로 예루살렘교회를 목양했습니다.

예수님은 이제 곧 세워질 예루살렘교회를 염두에 두고 미리 그를 그 교회 목자로 세웠습니다. 만약 예수님이 베드로를 목자로 세우지 않고 승천하셨다면, 예루살렘교회에는 분쟁과 갈등이 많았을 것입니다. 예수님과 함께하는 동안에도 누가 크냐가 제자들의 논쟁 키워드였습니다. 그런 제자들이 예수님도 없는 상황에 베드로를 목자로 인정하고 받아들이기는 쉽지 않았을 것입니다. 대립과 갈등이 이어졌을 것입니다. 예수님은 이런 상황을 사전에 정리해 주셨습니다. 예수님이 제자들 앞에서 "네가 이 사람들보다 나를 더 사랑하느냐"라고 물으신 것도 이런 상황을 염두에 두고 하신 말씀입니다. 예수님은 그 자리에 있던 '이 사람들'인 여섯 제자들 앞에서 베드로를 초대교회 목자로 임명하셨습니다.

예루살렘교회가 세워진 후 교회는 계속 세워졌습니다. 수리아 안디옥에도 교회가 세워졌습니다. 여기저기 교회가 세워졌습니다. 교회가 세워질 때마다 그 교회 목자도 세워졌습니다. 바울이 목자인 교회도 세워졌습니다. 지금은 세계 각처에 교회가 세워졌습니다. 교회가 세워진 곳마다 그 교회 목자도 함께 세워졌습니다.

목자 임직

예수님은 베드로를 목자로 임직했습니다. 교회의 구성원 중에서 뽑아 임명하셨습니다. 베드로는 스스로 목자가 된 것이 아닙니다. 예수님이 그를 목자로 세워 주셨습니다. 오늘도 목자는 계속 세워지고 있습니다. 예수님이 이때 이런 과정을 거쳐 목자를 임직하신 것처럼 오늘도 세계 각 교회는 임직 과정을 거쳐 목자를 세웁니다.

성경에 목자가 어떻게 임직받았는지를 엿볼 수 있는 내용이 나옵니다. 바울이 목자인 디모데에게 권면할 때 이렇게 권면했습니다.

네 속에 있는 은사 곧 장로의 회에서 안수받을 때에 예언을 통하여 받은 것을 가볍게 여기지 말며 이 모든 일에 전심전력하여 너의 성숙함을 모든 사람에게 나타나게 하라 딤전 4:14-15

여기 장로의 회에서 안수받을 때라는 표현이 나옵니다. 앞에서 우리는 당시 장로가 목자를 의미하는 것을 이미 살펴보았습니다. 장로의 회는 곧 목자의 회입니다. 목자의 회에서 심사해 디모데를 목자로 안수하여 세웠습니다.

이 전통은 오늘도 이어지고 있습니다. 대학원은 일반적으로 2년제입니다. 신학대학원은 3년제입니다. 제자들이 예수님과 함께 양육 받은 기간이 3년인 데서 온 전통이 아닐까 싶습니다. 이렇게 대학을 졸업하고 신학대학원에서 3년을 공부하면 강도사 고시를 볼 수 있습니다. 강도사로 1년간 사역한 후에 목사 고시를 봅니다. 두 과정 다 면접이 들어 있습니다. 예수님이 베드로를 면접하셨던 것처럼 먼저 목자 된 목사님들이 면접을 합니다. 거기서 합격하면 노회 때 목사로 안수받습니다. 대학 4년, 신학대학원 3년, 강도사 1년의 과정을 거친 후에 받는 목사 안수입니다.

이렇게 목자가 되어 교회를 담임하게 되면 교인 중에서 목자로 세울 사람을 선발해 목자 양육 과정을 거친 후에 그를 목자로 세우는 일을 합니다. 주일학교 교사를 목자로 세워 학생인 양을 맡겨 목양하게 합니다. 순장을 세워 그 순에 속한 순원들을 목양하게 합니다. 교회에 여러 직분이 있고 봉사가 있습니다. 그중에 목자로 세워진 사람은 교사와 순장이 대표적입니다.

photo by Cho Hyunsam

부활하신 예수님이 베드로를 비롯한 제자들을 만나셨던 갈릴리 호숫가에 세워진 임직교회 교회당 내부입니다.
이렇게 빈 교회당을 카메라에 담기 위해서는 오래 기다려야 합니다.

교사와 순장은 교회에서 자신에게 맡긴 양 무리에게 하나님의 말씀을 가르치며 그들을 목양합니다. 이들의 목자 역할은 교회가 자신에게 맡긴 양으로 한정됩니다. 교사로 임명받았다고 해서 그가 모든 교인의 목자는 아닙니다. 순장도 마찬가지입니다.

예수님은 임직 과정을 통해 목자를 세웠습니다. 목자는 스스로 목자가 되는 것이 아닙니다. 세움을 받아야 합니다. 베드로는 예수님께 임명받고 디모데는 장로의 회에서 임명받고 임직식을 했습니다. 교사와 순장은 교회에서 임명해 세웁니다.

임명이나 임직을 받지 않은 상태로 임의로 목자 활동을 하는 것은 질서를 깨는 일입니다. 어떤 사람이 어떤 교회에 가서, 그 교회서 목자로 세우지도 않았는데 스스로 거기서 목자 활동한다면 어떻게 될까요. 교회 안에서 이 사람 저 사람에게 연락해 모아 놓고 성경을 가르친다면 교회는 상당히 혼란스러울 수 있습니다. 그래서 예수님은 목자를 하고 싶은 사람이라고 누구나 하도록 하지 않으셨습니다. 절차와 과정을 거쳐 목자로 임직하셨습니다. 갈릴리 호숫가에서 여섯 제자들 앞에서 베드로를 목자로 임직하신 예수님을 오늘도 교회들은 따르고 있습니다.

양

교회 구성원인 성도를 예수님은 양이라고 하셨습니다. 목자 있는 신앙생활, 이것은 예수님이 교회를 세우시며 디자인하신 것입니다. 양으로 사는 것은 행복합니다. 목자 있는 삶은 안전합니다. 나는 양이라고 고백하며 우리는 이 행복과 이 안전을 누려야 합니다.

예수님이 나의 목자입니다. 예수님은 우리의 영원한 목자입니다. 예수님이 베드로를 예루살렘교회 목자로 세워 주신 것처럼, 우리 교회 목자도 세워 주셨습니다. 그 목자도 나의 목자입니다. 나의 목자는 오직 예수님 한 분밖에 없다는 고백이 우리 교회 목자는 나의 목자가 아니라는 의미로 한 고백이라면, 이것은 아닙니다. 그도 나의 목자입니다.

신앙생활을 오래하다 보면 교회에 부임하는 목회자들이 동생뻘이고 어느 순간 아들뻘이 되고 나중에는 손자뻘이 됩니다. 인생의 경험은 성도들이 부임해 온 전도사님이나 목사님보다 많을 수 있습니다. 그럼에도 우리는 동생뻘이고 아들뻘이고 손자뻘인 목회자들을 자신의 목자로 받아들여야 합니다.

우리 교회에는 목자로 임명받은 성도가 가르친 학생이 자라 신학을 하고 우리 교회에서 목회자로 임명받는 경우가 종종 있습니다. 이런 경우, 그가 임명받은 그 날부터 깍듯하게 전도사님이라고 호칭하며 자신이 가르쳤던 그 청년을 자신의 목자로 받아들입니다. 얼마 전까지 아무개야 하고 부르던 청년을 갑자기 아무개 전도사님이라고 부르는 것이 그리 쉬운 일은 아닙니다. 어쩌면 그는 주일학교와 청년부 때 목자로 임명받은 성도에게 꾸중도 받고 야단도 맞았을 것입니다. 그럼에도 이렇게 합니다. 보기에 좋습니다. 아름답습니다.

사진은 양 앞에서 양을 인도하고 있는 목자입니다.
몽골 목자는 양 뒤에 선다며 몽골 밝은미래교회 서윰보 목사님은
이 장면을 열심히 카메라에 담았습니다.

photo by Cho Hyunsam

양과 목자

양은 목자와 사이가 좋아야 합니다. 목자 역시 양과 사이가 좋아야 합니다. 우리가 뒤에서 살펴보겠지만, 성경은 목자에게 다투지 말라고 합니다. 목자가 다투는 대상은 목자일 수도 있고 양일 수도 있습니다. 성경은 양이든 목자든 주의 종은 마땅히 다투지 말아야 한다고 가르칩니다.

양이 목자와 관계에 이상이 생기면 목자의 말이 들리지 않습니다. 목자는 가르칩니다. 목자는 설교합니다. 양은 목자의 음성을 들어야 삽니다. 그런데 목자의 가르침과 설교가 들리지 않습니다. 그러면 양은 힘이 없습니다. 사랑해야 하는데 사랑할 힘이 없습니다. 용서해야 하는데 용서할 힘이 없습니다. 힘없는 양, 맥없는 양이 됩니다. 양은 먹기 위해서라도 목자와 사이가 좋아야 합니다.

예수님은 예수로 구원받은 성도를 양이라 하시며 그 양을 먹이고 칠 목자를 세워 주셨습니다. 예수님은 양을 위해 목자를 세우셨습니다. 목자들은 목회를 할 때 항상 예수님이 나를 목자로 세우셨다는 사실을 기억해야 합니다. 이것이 목회자의 정체성입니다.

목사가 목회를 하는 것은 하나님이 세워 주셨기 때문입니다. 목자는 성도들을 말씀으로 가르치고 먹이기 위해 세워졌습니다. 교회 안에는 목사보다 여러 면에서 뛰어난 실력과 능력이 있는 성도들이 많습니다. 여러 면에서 뛰어난 그들을 내가 어떻게 가르치고 어떻게 먹일 수 있을까. 나를 목자로 세우신 하나님이 계십니다. 그분이 그들을 말씀으로 가르치고 먹일 힘을 주십니다.

목양

베드로가 그의 첫 번째 서신 5장에서 제시한 목자의 정의는 하나님의 양 무리를 치는 것입니다. 당연하지만, 목자의 사명은 목양입니다. 하나님의 양 무리를 치는 것입니다. 베드로는 목자로 세움받은 이들을 향해 양 무리를 치면서 억지로 하지 말고 기꺼이 하라고 했습니다. 하나님의 뜻을 따라 자원함으로 하라고 했습니다. 더러운 이익을 위해 하지 말라고 했습니다. 목자에게는 맡은 자들이 있습니다. 하나님이 맡겨 주신 양 무리가 있습니다. 베드로는 그들에게 주장하는 자세를 하지 말고 양 무리의 본이 되라고 했습니다.

바울은 아들 같은 목자 디모데에게 목자는 어떤 사람이어야 하는지 분명하게 일러 주었습니다. 바울은 사람이 감독의 직분을 얻으려 함은 선한 일을 사모하는 것이라며 목자는 이런 사람이어야 한다고 했습니다. 감독은 목자를 일컫는 여러 표현 중 하나입니다.

디모데전서 3장 1절부터 7절에서 바울이 말한 목자는 어떤 사람이어야 하는지를 번호를 붙여 정리해 봅니다.

① 책망할 것이 없는 사람
② 한 아내의 남편인 사람
③ 절제하는 사람
④ 신중한 사람
⑤ 단정한 사람
⑥ 나그네를 대접하는 사람
⑦ 가르치기를 잘하는 사람
⑧ 술을 즐기지 않는 사람

⑨ 구타하지 않는 사람

⑩ 관용하는 사람

⑪ 다투지 않는 사람

⑫ 돈을 사랑하지 않는 사람

⑬ 자기 집을 잘 다스려 자녀들로 모든 공손함으로 복종하게 하는 사람

⑭ 새로 입교한 사람은 제외. 이유는 교만하여져서 마귀를 정죄하는 그 정죄에 빠질까 함

⑮ 외인에게서도 선한 증거를 얻은 사람

바울은 이 말끝에 비방과 마귀의 올무에 빠질까 염려하라고 했습니다. 이것은 교회가 이런 사람을 목자로 세우지 않으면 비방과 마귀의 올무에 빠질 수 있으니 주의하라는 의미입니다.

바울은 목자인 디모데에게 하나님이 맡겨 주신 양 무리를 어떤 마음과 자세로 대해야 하는지도 가르쳐 줬습니다. 바울은 목자인 디모데에게 "늙은이를 꾸짖지 말고 권하되 아버지에게 하듯 하며 젊은이에게는 형제에게 하듯 하고 늙은 여자에게는 어머니에게 하듯 하며 젊은 여자에게는 온전히 깨끗함으로 자매에게 하듯 하라 참 과부인 과부를 존대하라" 딤전 5:1-3 라고 했습니다. 목자라고 성도를 함부로 대해서는 안 됩니다. 목자는 양을 가족처럼 대해야 합니다. 양을 존중하며 양을 귀히 여겨야 합니다.

내 양

예수님은 예수로 구원받은 구성원인 교인들을 '내 양'이라고 하셨습니다. 예

수님이 베드로에게 네가 나를 사랑하느냐고 물으시며 세 번 다 내 양을 먹이고 내 양을 치라고 하셨습니다.

예수님은 내 양이라며 '내'를 강조하셨습니다. 교인들은 예수님의 양입니다. 베드로는 교인들을 하나님의 양 무리라고 했습니다. 교인은 하나님이 목회자에게 맡기신 양입니다. 그래서 목회자들은 말이 길어지고 글이 길어져도 양을 표현할 때는 예수님의 양, 하나님의 양 무리라고 합니다. 목자는 주님이 맡기신 주님의 양을 먹이고 치는 사람입니다.

어린 양

예수님은 베드로를 목자로 세우며 먼저 내 어린 양을 먹이라고 했습니다. 두 번째 내 양을 치라고 하시고 세 번째 내 양을 먹이라고 했습니다. 당시로서 어린 양을 앞세운 것은 놀라운 일입니다.

사람들이 어린아이를 데리고 예수님께 올 때 제자들이 그들을 꾸짖었습니다. 예수님은 노하시며 어린아이들이 내게 오는 것을 용납하고 금하지 말라며 그 어린아이들을 안고 그들 위에 안수하시고 축복하셨습니다.

어린아이들은 예수님이 디자인하신 교회 멤버입니다. 교회가 교인 수를 말할 때 청장년 수만 이야기하는 경우가 있습니다. 교인 수를 늘린다는 비판을 들어서 그런지, 어느 순간부터 교인 수에서 어린이는 빠졌습니다. 장년이 몇 명이고 주일학교 아이들이 몇 명이라고 구분해 교인 수를 이야기할 수는 있지만, 교인 수에서 어린아이들을 빼는 일은 없어야 합니다. 어린아이들은 예수님이 세우신 교회에서 정식 멤버입니다.

목회를 하며 어린이를 먹이는 일을 소홀히 하는 일은 목회의 일정 부분을 포기하는 것입니다. 그래서 힘들고 어려운 상황이라도 교회에서 어린아이들을 목양하려고 애쓰는 것입니다. 규모가 작은 교회 중에는 주일학교 교역자를 따로 두지 못하는 경우가 있습니다. 안식월 때 방문한 한 교회는 설교 전까지는 어린아이들과 장년 성도들이 함께 예배를 드리다 설교 시간이 되면 담임목사님이 아이들을 축복한 후에 그들의 언어 수준으로 말씀을 들려줄 교사들에게로 가게 하는 것을 보았습니다. 힘든 중에도 교회의 한 멤버인 어린 양 목양을 포기하지 않으려는 목자의 마음이 느껴져 좋았습니다. 속히 그 교회가 어린 양을 양육할 목자를 청빙할 수 있게 되길 기도한 기억이 있습니다.

목자 8계명

바울은 디모데에게 두 번째 편지에서도 거듭 목자는 어떠해야 하는지를 써 보냈습니다. 디모데후서 2장 22절부터 26절까지 기록된 목자를 향한 바울의 권면을 역시 번호를 붙여 정리해 봅니다.

① 청년의 정욕을 피하라
② 주를 깨끗한 마음으로 부르는 자들과 함께 의와 믿음과 사랑과 화평을 따르라
③ 어리석고 무식한 변론을 버리라. 이에서 다툼이 나기 때문이라
④ 다투지 마라. 주의 종은 마땅히 다투지 않아야 하기 때문이라
⑤ 모든 사람에 대해 온유하라
⑥ 가르치기를 잘하라
⑦ 참으라

⑧ 거역하는 자를 온유함으로 훈계하라 혹 하나님이 그들에게 회개함을 주사 진리를 알게 하실까 하며 그들로 깨어 마귀의 올무에서 벗어나 하나님께 사로잡힌 바 되어 그 뜻을 따르게 하실까 함이라

목자와 사랑

목자를 향한 바울의 권면은 계속 이어졌습니다. 바울은 목자 디모데에게 "너는 말씀을 전파하라 때를 얻든지 못 얻든지 항상 힘쓰라 범사에 오래 참음과 가르침으로 책망하며 경계하며 권하라"딤후 4:2라고 했습니다.

바울이 목자인 디모데에게 이 권면을 할 때 "하나님 앞과 살아 있는 자와 죽은 자를 심판하실 그리스도 예수 앞에서 그가 나타나실 것과 그의 나라를 두고 엄히 명하노니"딤후 4:1라고 했습니다. 하나님 앞과 그리스도 앞에서 그의 나라를 두고 엄히 명한다는 바울의 이 말 속에 비장함이 느껴집니다. 목자가 해야 할 일이 무엇인지, 목자가 무엇에 마음을 써야 하는지, 목자가 생명을 바친다면 무엇에 바쳐야 하는지, 엿볼 수 있는 대목입니다.

목자는 말씀을 전파합니다. 때를 얻든지 못 얻든지 목자는 항상 이 일에 힘쓰고 있습니다. 또한 목자는 범사에 책망하며 경계하며 권하고 있습니다. 바울은 이때 목자는 오래 참음과 가르침으로 해야 한다고 일러줍니다. 오래 참음과 가르침이 한 세트로 나왔습니다. 오래 참음과 가르침, 오래 참음은 사랑입니다. 사랑에 대한 정의는 사랑은 오래 참고로 시작합니다. 오래 참음과 가르침으로 해야 한다는 것은 사랑으로 가르쳐야 한다는 것입니다. 목자는 교인을 사랑으로 책망하며 경계하며 권하고 있습니다. 목회는 사랑으로 해야 한다는 중요한 사실을 알기 때문입니다.

photo by Cho Hyunsam

예수님이 베드로를 목자로 세울 때 면접을 했습니다. 그 면접에서 예수님이 하신 질문은 세 가지입니다. 내용은 동일합니다. "네가 나를 사랑하느냐"입니다. 예수님은 베드로가 예수님을 사랑하는 것을 확인하고 그를 목자로 세웠습니다. 목자를 세우는 면접이면 "네가 내 양을 사랑하느냐"고 물으셔야 할 것 같은데, 예수님은 네가 나를 사랑하느냐고 물으셨습니다. 예수님을 사랑하면 예수님의 양도 사랑합니다. 예수님의 양을 사랑하는 출발은 예수님 사랑입니다. 예수님을 사랑하고 귀히 여기는 목자는 당연히 예수님의 양도 사랑하고 귀히 여깁니다.

목자에게 가장 중요한 것은 사랑입니다. 사용이 아니라 사랑입니다. 양 사랑은 목자 사랑에서 나옵니다. 바울은 거역하는 양도 있다고 했습니다. 거역하는 양을 사랑하기는 쉽지 않습니다. 그 양을 바라보면 화가 나고 그 양을 생각하면 부아가 올라올 수 있습니다. 그때는 그 양을 사랑하려고 몸부림치지 말고 대신 예수님을 바라보며 예수님을 사랑하려고 애써야 합니다. 예수님을 사랑하면 거역하는 양도 예수님의 양으로 보입니다. 그러면 예수님을 사랑하는 그 사랑으로 그 양도 사랑할 수 있습니다. 목회의 핵심은 사랑입니다. 무엇을 하든 목자는 사랑으로 합니다. 칭찬을 할 때도 책망을 할 때도 허락할 때도 거절할 때도 다 사랑으로 합니다.

성경은 사랑이 없으면 아무 유익이 없다고 했습니다. 사랑이 없으면 목회는 아무 유익이 없습니다. 사랑하지 않으면서도 할 수 있는 일이 있습니다. 그러나 사랑이 없이는 할 수 없는 일이 있습니다. 그게 목회입니다. 그게 목자입니다.

목자와 존경

바울은 목자인 디도에게도 편지를 보냈습니다. 그 편지에서 바울은 목자 디도에게 "누구에게서든지 업신여김을 받지 말라"딛 2:15 라고 했습니다. 목자는 양에게 업신여김을 받지 않아야 합니다. 그래야 목자를 할 수 있습니다. 양이 업신여기는 목자는 이미 목자의 기능을 상실한 목자입니다. 자신이 업신여기는 목자의 말에 귀를 기울이는 양은 없습니다. 그러면 그 양은 목자가 있으나 목자 없는 양이 됩니다.

말이나 행동이나 처신으로 인해 업신여김을 받지 않도록 목자는 각별히 주의해야 합니다. 업신여김을 받을 수밖에 없는 말이나 행동이나 처신을 하고 업신여기는 양을 탓하면 안타까운 일입니다. 이러면 그 양도 불행하고 목자도 불행합니다. 목자는 자신이 하는 말이나 행동이나 처신이 양이 자신을 업신여기도록 하는 것은 아닌지 늘 살펴야 합니다.

바울은 디모데에게 쓴 편지에서 양들을 향해 "잘 다스리는 장로들은 배나 존경할 자로 알되 말씀과 가르침에 수고하는 이들에게는 더욱 그리할 것이니라"딤전 5:17 고 권면했습니다. 양은 목자를 존경할 자로 알아야 한다고 했습니다. 이를 목자에게 적용하면 존경받는 사람이 되라는 것입니다. 그래야 목양이 되기 때문입니다. 양들이 존경하기에 어렵지 않도록 목자는 도와줘야 합니다.

예수님은 이제 승천을 불과 얼마 남기지 않은 상태에서 자신을 대신해 자신의 양을 먹이고 칠 목자를 임직하셨습니다. 주님이 꿈꾸시는 교회는 이렇게 서서히 그 윤곽이 드러났습니다.

사명선언문

너희가 흠이 없고 순전하여······세상에서 그들 가운데 빛들로
나타내며 생명의 말씀을 밝혀 _ 빌 2:15-16

1. 생명을 담겠습니다
만드는 책에 주님 주신 생명을 담겠습니다.
그 책으로 복음을 선포하겠습니다.

2. 말씀을 밝히겠습니다
생명의 근본은 말씀입니다.
말씀을 밝혀 성도와 교회의 성장을 돕겠습니다.

3. 빛이 되겠습니다
시대와 영혼의 어두움을 밝혀 주님 앞으로 이끄는
빛이 되는 책을 만들겠습니다.

4. 순전히 행하겠습니다
책을 만들고 전하는 일과 경영하는 일에 부끄러움이 없는
정직함으로 행하겠습니다.

5. 끝까지 전파하겠습니다
모든 사람에게, 땅 끝까지, 주님 오시는 그날까지
복음을 전하는 사명을 다하겠습니다.

서점 안내

광화문점	서울시 종로구 새문안로 69 구세군회관 1층 02)737-2288 / 02)737-4623(F)
강남점	서울시 서초구 신반포로 177 반포쇼핑타운 3동 2층 02)595-1211 / 02)595-3549(F)
구로점	서울시 동작구 시흥대로 602, 3층 302호 02)858-8744 / 02)838-0653(F)
노원점	서울시 노원구 동일로 1366 삼봉빌딩 지하 1층 02)938-7979 / 02)3391-6169(F)
분당점	경기도 성남시 분당구 황새울로 315 대현빌딩 3층 031)707-5566 / 031)707-4999(F)
일산점	경기도 고양시 일산서구 중앙로 1391 레이크타운 지하 1층 031)916-8787 / 031)916-8788(F)
의정부점	경기도 의정부시 청사로47번길 12 성산타워 3층 031)845-0600 / 031)852-6930(F)
인터넷서점	www.lifebook.co.kr